Enunciados e Súmulas Previdenciárias

Organizados por Temas e Subtemas

João Marcelino Soares

Servidor público do Instituto Nacional do Seguro Social — INSS.
Especialista em Direito Previdenciário e Processual Previdenciário pela PUC/PR.
Bacharel em Direito pela PUC/PR.
Professor de Direito Previdenciário e autor de artigos e livros.

Enunciados e Súmulas Previdenciárias

Organizados por Temas e Subtemas

Busca rápida e eficiente por assunto:

— Supremo Tribunal Federal

— Superior Tribunal de Justiça

— Tribunais Regionais Federais

— Advocacia Geral da União

— Conselho de Recursos da Previdência Social

— Fórum Nacional dos Juizados Especiais Federais

— Turma Nacional de Uniformização

— Turmas Regionais de Uniformização

— Turmas Recursais dos Juizados Especiais Federais

LTr

LTr EDITORA LTDA.
© Todos os direitos reservados
Rua Jaguaribe, 571
CEP 01224-001
São Paulo, SP – Brasil
Fone: (11) 2167-1101
www.ltr.com.br

Junho, 2015

Versão impressa: 5325.7 – ISBN 978-85-361-8457-9
Versão digital: 8729.8 – ISBN 978-85-361-8449-4

Dados Internacionais de Catalogação na Publicação (CIP)
(Câmara Brasileira do Livro, SP, Brasil)

Soares, João Marcelino
   Enunciados e súmulas previdenciárias / João Marcelino Soares.
— São Paulo : LTr, 2015.

   Bibliografia

   1. Benefício previdenciário 2. Direito previdenciário 3. Direito previdenciário — Brasil 4. Súmulas jurisprudenciais I. Título.

15-04566   CDU-34:368.4(81)

Índice para catálogo sistemático:

   1. Brasil : Previdência social : Direito
      previdenciário   34:368.4(81)

Esta obra foi finalizada pouco antes do nascimento da minha filha Sofia. E para ela que a dedico integralmente.

Sumário

Apresentação 13

1. Acumulação de Benefícios 15
    Aposentadoria e auxílio-acidente 15
    Aposentadoria do servidor e ex-combatente 15
    Pensão rural e aposentadoria urbana 15

2. Acidente de Trabalho 16
    Competência 16
    Prévio exaurimento administrativo 16
    Outros 16

3. Auxílio-Acidente 17
    Cálculo 17
    Competência 17
    Cumulação com aposentadoria 17

4. Auxílio-doença 18
    Alta Programada 18
    Cálculo 18
    Cômputo como carência e tempo de contribuição 18
    Condições sociais e pessoais 18
    DIB (Data de início do benefício) 18
    DII (Data de início da incapacidade) 18
    Incapacidade parcial 19
    Julgamento *extra petita* 19
    Laudo pericial 19
    Qualidade de segurado 20
    Retorno ao trabalho e presunção de capacidade 20
    Suspensão e cancelamento 20

5. Auxílio-Reclusão (*Vide* Item 26: *Dependentes*) 21
    Baixa renda 21
    Progressão de regime 21

6. Aposentadoria por Idade 22
    Cálculo 22
    Carência 22
    Qualidade de segurado 22

Rural (*Vide* item 10: *Atividade Rural*) 22
Urbana 23

7. Aposentadoria por Invalidez 24
Cálculo 24
Cômputo como carência 24
Condições sociais e pessoais 25
DII (Data de início da incapacidade) 25
Incapacidade 25
Julgamento *extra petita* 25
Laudo pericial 25
Qualidade de segurado 26
Retorno ao trabalho e presunção de capacidade 26
Suspensão e cancelamento 27

8. Aposentadoria por Tempo de Contribuição 28
Aluno-aprendiz 28
CTPS 28
Contribuinte individual 28
DIB (Data de início do benefício) 28
Monitor universitário 29
Processual 29
Professor 29
Proporcional 29
Reclamatória trabalhista 29
Segurado especial (*Vide* item 10: *Atividade rural*): 29
Servidor celetista 30
Testemunhas e início de prova material 30

9. Atividade Especial 31
Ausência de requisito etário 31
Contribuinte individual 31
Conversão de tempo especial para comum 31
EPI 31
Habitualidade 31
Pedreiro 32
Multiplicador 32
Provas 32
Ruído 32
Servidor público 33
Tratorista 33
Vigilante 33

10. Atividade Rural 34
Contagem recíproca 34
Menor de 14 anos 34
Provas — Documentos de terceiros 34
Provas — Testemunhas 34
Provas — Declaração sindical 34
Provas — Contemporaneidade 34
Provas — Presunção da preservação do estado anterior 35
Provas — Boia-fria 35
Recolhimento das contribuições 35
Salário-maternidade 35
Segurado especial — (Des)caracterização 35

11. Benefício Assistencial (LOAS) 37
Conceito de grupo familiar (Antes da Lei n. 12.435/11) 37
Incapacidade — Laudo pericial 37
Incapacidade 37
Legitimidade passiva 38
Menoridade 38
Renda *per capita* — Critério relativo 39
Renda *per capita* — Média do salário mínimo: 39
Renda *per capita* — Inclusão 39
Renda *per capita* — Exclusão de benefício previdenciário no valor mínimo ... 39
Renda *per capita* — Provas 40

12. Carência 41
Benefício por incapacidade como carência 41
Aposentadoria por idade 41
Atividade rural antes da Lei n. 8.213/91 41
Cômputo da carência anterior 41

13. Contagem Recíproca 42
Tempo especial 42
Tempo rural 42

14. Crimes Previdenciários 43

15. Custeio 44
Contribuição previdenciária do servidor público 44
Contribuinte individual 44
Ex-combatente 45
Extinta taxa de previdência social 45

Fiscalização 45
Lançamento 45
Militares 45
PIS e COFINS 46
Retenção do imposto de renda 46
Retenção das contribuições sociais pelo tomador de serviços 46
Retenção das contribuições sociais em processo judicial 46
Salário de contribuição — Gratificação natalina 47
Salário de contribuição — Auxílio-alimentação 47
Salário de contribuição — Vale transporte 47
Salário de contribuição — Comissão 48
Salário de contribuição — Auxílio-creche 48
Salário de contribuição — Abono 48
SAT/FAP 48
Teto 48

16. Dependentes 49
Dependência econômica 49
Dependente designado 49
Divorciada que renuncia alimentos 49
Filho maior de 21 anos e não inválido 49
Inscrição *post mortem* 49
Marido ou companheiro antes da Lei n. 8.213/91 49
Pais 50
União estável 50

17. Desaposentação 51

18. Devolução de Valores 52

19. Ex-combatente 53

20. Fraude 54

21. Gratificação de Desempenho — Inativos e Pensionistas 55

22. Incapacidade 58
DII (Data de início de incapacidade) 58
Idade avançada e baixo grau de instrução 58
Incapacidade parcial 58
Intervenção cirúrgica 58
HIV 58
Laudo pericial 58

Médico especialista	59
Qualidade de segurado	59
Retorno ao trabalho e presunção de capacidade	59

23. Juros e Correção Monetária 60
Juros e correção monetária nas condenações 60
Reajustamento dos benefícios (*Vide* Item 31: Revisões de Benefícios) 61

24. Militar 63

25. Pecúlio 64

26. Pensão por Morte (*Vide* Item 16: *Dependentes*) 65
DIB (Data do início do benefício) 65
Divorciada que renuncia alimentos 65
Ex-combatente 65
Falecimento antes do PRORURAL 65
Falecimento antes da Lei n. 8.213/91 para dependente marido ou companheiro 65
Impossibilidade de prorrogação 65
Militar 66
Pais dependentes 66
Pensão especial (Seringueiros) 66
Qualidade de segurado 66
RMI (Renda mensal inicial) 66
Servidor público 66
Tempus regit actum 67
União estável 67

27. Prescrição e Decadência 68

28. Previdência Privada 69

29. Qualidade de Segurado 70
Auxílio-doença e aposentadoria por invalidez: 70
Aposentadoria por idade 70
Período de graça 70

30. Reclamatória Trabalhista 71

31. Revisão de Benefícios 72
Art. 58 do ADCT 72
Art. 29, II, da Lei n. 8.213/91 72
Art. 29, § 5º, da Lei n. 8.213/91 73

Auto-aplicabilidade do art. 201, §§ 5º e 6º, CF/88 73
Auto-aplicabilidade do art. 202, *caput*, da CF/88 74
Buraco verde e buraco verde estendido 74
IGPD-I 74
Inclusão da gratificação natalina no PBC 74
IRSM 74
Menor valor teto — INPC 76
Novo teto — EC n. 20/98 e EC n. 41/03: 76
OTN/ORTN 76
Prescrição e decadência 77
Prévio requerimento administrativo 78
Reajustamento 78
Renda mensal da pensão por morte 79
Salário mínimo de 06.1989 (art. 1º da Lei n. 7.789/89): 79
URP (Unidade Real de Preços) 80
Valor da causa 80
Outros 80

32. Salário-Maternidade 81
Correção monetária 81
Custeio 81
Desempregada 81

Apresentação

Esta obra foi pensada para o dia a dia de quem lida na área do Direito Previdenciário, sejam advogados, magistrados, procuradores, defensores públicos, servidores, conselheiros, pesquisadores, acadêmicos, pareceristas, articulistas, entre outros.

Trata-se de um excelente instrumento que possibilita, de maneira rápida e eficiente, uma busca pontual aos Enunciados e Súmulas previdenciárias dos principais órgãos administrativos e judicantes do país, por meio de uma organização lógica e de fácil manuseio.

Para o profissional, é uma indispensável ferramenta que fornece de imediato o texto sumular lembrado e ainda possibilita rápido acesso a verbetes ainda não conhecidos. Para o estudante, é uma farta fonte de pesquisa, que resume o posicionamento jurisprudencial do país de maneira racional e sistematizada.

Um ótimo trabalho a todos.

Curitiba, 3 de março de 2015.

João Marcelino Soares

1. Acumulação de Benefícios

Aposentadoria e auxílio-acidente

Súmula n. 44 da AGU:

É permitida a cumulação do benefício de auxílio-acidente com benefício de aposentadoria quando a consolidação das lesões decorrentes de acidentes de qualquer natureza, que resulte em sequelas definitivas, nos termos do art. 86 da Lei n. 8.213/91, tiver ocorrido até 10 de novembro de 1997, inclusive, dia imediatamente anterior à entrada em vigor da Medida Provisória n. 1.596-14, convertida na Lei n. 9.528/97, que passou a vedar tal acumulação. (Alterada pela Súmula n. 65 da AGU)

Súmula n. 65 da AGU:

Para a acumulação do auxílio-acidente com proventos de aposentadoria, a lesão incapacitante e a concessão da aposentadoria devem ser anteriores as alterações inseridas no art. 86, § 2º da Lei n. 8.213/91, pela Medida Provisória n. 1.596-14, convertida Lei n. 9.528/97. (Alterada pela Súmula n. 75 da AGU)

Súmula n. 75 da AGU:

Para a acumulação do auxílio-acidente com proventos de aposentadoria, a consolidação das lesões decorrentes de acidentes de qualquer natureza, que resulte sequelas definitivas, nos termos do art. 86 da Lei n. 8.213/91, e a concessão da aposentadoria devem ser anteriores às alterações inseridas no art. 86, § 2º da Lei n. 8.213/91, pela Medida Provisória n. 1.596-14, convertida na Lei n. 9.528/97.

Súmula n. 507 do STJ:

A acumulação de auxílio-acidente com aposentadoria pressupõe que a lesão incapacitante e a aposentadoria sejam anteriores a 11.11.1997, observado o critério do art. 23 da Lei n. 8.213/1991 para definição do momento da lesão nos casos de doença profissional ou do trabalho.

Enunciado n. 36 do CRPS:

É permitida a cumulação de auxílio-suplementar ou auxílio-acidente com aposentadoria de qualquer espécie, concedida de 25.7.1991 a 10.11.1997.

Aposentadoria do servidor e ex-combatente

Súmula n. 07 da AGU:

A aposentadoria de servidor público tem natureza de benefício previdenciário e pode ser recebida cumulativamente com a pensão especial prevista no art. 53, inciso II, do Ato das Disposições Constitucionais Transitórias, devida a ex-combatente (no caso de militar, desde que haja sido licenciado do serviço ativo e com isso retornado à vida civil definitivamente — art. 1º da Lei n. 5.315, de 12.9.1967).

Pensão rural e aposentadoria urbana

Súmula n. 36 da TNU:

Não há vedação legal à cumulação da pensão por morte de trabalhador rural com o benefício da aposentadoria por invalidez, por apresentarem pressupostos fáticos e fatos geradores distintos.

Enunciado n. 07 da Turma Recursal do Espírito Santo (2ª Região):

É possível a cumulação de benefícios previdenciários rural e urbano, embora distintos os pressupostos fáticos e fatos geradores. O art. 124 da Lei n. 8.213/91 não veda a percepção cumulativa.

Súmula n. 72 do TRF/4:

É possível cumular aposentadoria urbana e pensão rural.

2. Acidente de Trabalho

Competência

Súmula n. 501 do STF:

Compete à justiça ordinária estadual o processo e o julgamento, em ambas as instâncias, das causas de acidente do trabalho, ainda que promovidas contra a união, suas autarquias, empresas públicas ou sociedades de economia mista.

Súmula n. 235 do STF:

É competente para a ação de acidente do trabalho a justiça cível comum, inclusive em segunda instância, ainda que seja parte autarquia seguradora.

Súmula n. 15 do STJ:

Compete a justiça estadual processar e julgar os litígios decorrentes de acidente do trabalho.

Prévio exaurimento administrativo

Súmula n. 89 do STJ:

A ação acidentária prescinde do exaurimento da via administrativa.

Outros

Súmula n. 232 do STF:

Em caso de acidente do trabalho, são devidas diárias até doze meses, as quais não se confundem com a indenização acidentária nem com o auxílio-enfermidade.

Súmula n. 234 do STF:

São devidos honorários de advogado em ação de acidente do trabalho julgada procedente.

Súmula n. 236 do STF:

Em ação de acidente do trabalho, a autarquia seguradora não tem isenção de custas.

Súmula n. 238 do STF:

Em caso de acidente do trabalho, a multa pelo retardamento da liquidação é exigível do segurador sub-rogado, ainda que autarquia.

Súmula n. 240 do STF:

O depósito para recorrer, em ação de acidente do trabalho, é exigível do segurador sub-rogado, ainda que autarquia.

Súmula n. 337 do STF:

A controvérsia entre o empregador e o segurador não suspende o pagamento devido ao empregado por acidente do trabalho.

Súmula n. 159 do STJ:

O benefício acidentário, no caso de contribuinte que perceba remuneração variável, deve ser calculado com base na media aritmética dos últimos doze meses de contribuição.

Súmula n. 465 do STF:

O regime de manutenção de salário, aplicável ao (IAPM) e ao (IAPETC), exclui a indenização tarifada na Lei de acidentes do trabalho, mas não o benefício previdenciário.

Súmula n. 146 do STJ:

O segurado, vitima de novo infortúnio, faz jus a um único benefício somado ao salário de contribuição vigente no dia do acidente.

Súmula n. 110 do STJ:

A isenção do pagamento de honorários advocatícios, nas ações acidentárias, é restrita ao segurado.

Súmula n. 44 do STJ:

A definição, em ato regulamentar, de grau mínimo de disacusia, não exclui, por si só, a concessão do benefício previdenciário.

3. Auxílio-Acidente

Cálculo

Súmula n. 65 da TNU:

Os benefícios de auxílio-doença, auxílio-acidente e aposentadoria por invalidez concedidos no período de 28.3.2005 a 20.7.2005 devem ser calculados nos termos da Lei n. 8.213/1991, em sua redação anterior à vigência da Medida Provisória n. 242/2005.

Súmula n. 24 das Turmas Recursais de Santa Catarina (4ª Região):

Para os benefícios previdenciários de aposentadoria por invalidez, auxílio-doença e auxílio-acidente, concedidos após a vigência da Lei n. 9.876/99, o salário de benefício consistirá na média aritmética simples dos maiores salários de contribuição correspondentes a 80% de todo o período contributivo, independentemente da data de filiação ao RGPS e do número de contribuições mensais vertidas no período contributivo.

Competência

Enunciado n. 11 das Turmas Recursais de São Paulo (3ª Região):

A Justiça Federal é competente para apreciar pedido de concessão de auxílio-acidente decorrente de acidente não vinculado ao trabalho.

Cumulação com aposentadoria

Súmula n. 44 da AGU:

É permitida a cumulação do benefício de auxílio-acidente com benefício de aposentadoria quando a consolidação das lesões decorrentes de acidentes de qualquer natureza, que resulte em sequelas definitivas, nos termos do art. 86 da Lei n. 8.213/91, tiver ocorrido até 10 de novembro de 1997, inclusive, dia imediatamente anterior à entrada em vigor da Medida Provisória n. 1.596-14, convertida na Lei n. 9.528/97, que passou a vedar tal acumulação. (Alterada pela Súmula n. 65 da AGU)

Súmula n. 65 da AGU:

Para a acumulação do auxílio-acidente com proventos de aposentadoria, a lesão incapacitante e a concessão da aposentadoria devem ser anteriores as alterações inseridas no art. 86 § 2º da Lei n. 8.213/91, pela Medida Provisória n. 1.596-14, convertida Lei n. 9.528/97. (Alterada pela Súmula n. 75 da AGU)

Súmula n. 75 da AGU:

Para a acumulação do auxílio-acidente com proventos de aposentadoria, a consolidação das lesões decorrentes de acidentes de qualquer natureza, que resulte sequelas definitivas, nos termos do art. 86 da Lei n. 8.213/91, e a concessão da aposentadoria devem ser anteriores às alterações inseridas no art. 86, § 2º da Lei n. 8.213/91, pela Medida Provisória n. 1.596-14, convertida na Lei n. 9.528/97.

Súmula n. 507 do STJ:

A acumulação de auxílio-acidente com aposentadoria pressupõe que a lesão incapacitante e a aposentadoria sejam anteriores a 11.11.1997, observado o critério do art. 23 da Lei n. 8.213/1991 para definição do momento da lesão nos casos de doença profissional ou do trabalho".

Enunciado n. 36 do CRPS:

É permitida a cumulação de auxílio-suplementar ou auxílio-acidente com aposentadoria de qualquer espécie, concedida de 25.7.1991 a 10.11.1997.

4. Auxílio-doença

Alta Programada

Enunciado n. 85 das Turmas Recursais do Rio de Janeiro (2ª Região):

É incabível a cessação administrativa do auxílio-doença em razão de alta programada, ou seja, sem que seja feita reavaliação médica, uma vez que esse procedimento viola o art. 60 da Lei n. 8.213/91.

Cálculo

Súmula n. 65 da TNU:

Os benefícios de auxílio-doença, auxílio-acidente e aposentadoria por invalidez concedidos no período de 28.3.2005 a 20.7.2005 devem ser calculados nos termos da Lei n. 8.213/1991, em sua redação anterior à vigência da Medida Provisória n. 242/2005.

Súmula n. 57 da TNU:

O auxílio-doença e a aposentadoria por invalidez não precedida de auxílio-doença, quando concedidos na vigência da Lei n. 9.876/1999, devem ter o salário de benefício apurado com base na média aritmética simples dos maiores salários de contribuição correspondentes a 80% do período contributivo, independentemente da data de filiação do segurado ou do número de contribuições mensais no período contributivo.

Súmula n. 47 da Turma Recursal do Espírito Santo (2ª Região):

Para a aposentadoria por invalidez e para o auxílio-doença concedido sob a vigência da Lei n. 9.876/99, o salário de benefício deve ser apurado com base na média aritmética simples dos maiores salários de contribuição correspondentes a 80% do período contributivo, independentemente da data de filiação do segurado e do número de contribuições mensais no período contributivo. É ilegal o art. 32, § 20, do Decreto n. 3.048/99, acrescentado pelo Decreto n. 5.545/2005.

Súmula n. 24 das Turmas Recursais de Santa Catarina (4ª Região):

Para os benefícios previdenciários de aposentadoria por invalidez, auxílio-doença e auxílio-acidente, concedidos após a vigência da Lei n. 9.876/99, o salário de benefício consistirá na média aritmética simples dos maiores salários de contribuição correspondentes a 80% de todo o período contributivo, independentemente da data de filiação ao RGPS e do número de contribuições mensais vertidas no período contributivo.

Cômputo como carência e tempo de contribuição

Súmula n. 07 da TRU/4:

Computa-se para efeito de carência o período em que o segurado usufruiu benefício previdenciário por incapacidade.

Súmula n. 73 da TNU:

O tempo de gozo de auxílio-doença ou de aposentadoria por invalidez não decorrentes de acidente de trabalho só pode ser computado como tempo de contribuição ou para fins de carência quando intercalado entre períodos nos quais houve recolhimento de contribuições para a previdência social.

Condições sociais e pessoais

Súmula n. 77 da TNU:

O julgador não é obrigado a analisar as condições pessoais e sociais quando não reconhecer a incapacidade do requerente para a sua atividade habitual.

DIB (Data de início do benefício)

Enunciado n. 28 do CRPS:

Não se aplica o disposto no art. 76 do Regulamento da Previdência Social, aprovado pelo Decreto n. 3.048/99, para justificar a retroação do termo inicial do benefício auxílio doença requerido após o trigésimo dia do afastamento da atividade, nos casos em que a perícia médica do INSS fixar a data de início da incapacidade anterior à data de entrada do requerimento, tendo em vista que esta hipótese não implica em ciência pretérita da Previdência Social.

DII (Data de início da incapacidade)

Súmula n. 53 da TNU:

Não há direito a auxílio-doença ou a aposentadoria por invalidez quando a incapacidade para o trabalho é preexistente ao reingresso do segurado no Regime Geral de Previdência Social.

Enunciado n. 79 das Turmas Recursais do Rio de Janeiro (2ª Região):

Não merece reforma a sentença que fixa a data de início do benefício na data da perícia médica judicial quando esta não puder definir o início da incapacidade.

Enunciado n. 23 das Turmas Recursais de São Paulo (3ª Região):

A qualidade de segurado, para fins de concessão de auxílio-doença e aposentadoria por invalidez, deve ser verificada quando do início da incapacidade.

Enunciado n. 08 do CRPS:

Fixada a data do início da incapacidade antes da perda da qualidade de segurado, a falta de contribuição posterior não prejudica o seu direito as prestações previdenciárias.

Súmula n. 1 da Turma Recursal de Piauí (1ª Região):

Não sendo possível aferir por outros elementos de prova o início da incapacidade, o benefício deve ser concedido a partir da data da confecção do laudo pericial oficial.

Incapacidade parcial

Súmula n. 25 da AGU:

Será concedido auxílio-doença ao segurado considerado temporariamente incapaz para o trabalho ou sua atividade habitual, de forma total ou parcial, atendidos os demais requisitos legais, entendendo-se por incapacidade parcial aquela que permita sua reabilitação para outras atividades laborais.

Julgamento *extra petita*

Súmula n. 22 da Turma Recursal do Espírito Santo (2ª Região):

Não há julgamento "extra petita" quando a decisão concede auxílio-doença ao invés da aposentadoria por invalidez, ou vice-versa, desde que satisfeitos todos os requisitos para obtenção do benefício concedido.

Laudo pericial

Enunciado n. 72 das Turmas Recursais do Rio de Janeiro (2ª Região):

Não merece reforma a sentença que acolhe os fundamentos técnicos do laudo pericial para conceder ou negar benefício previdenciário ou assistencial quando o recurso não trouxer razões que possam afastar a higidez do laudo.

Enunciado n. 105 do FONAJEF:

Não se exige médico especialista para a realização de perícias judiciais, salvo casos excepcionais, a critério do juiz.

Enunciado n. 84 das Turmas Recursais do Rio de Janeiro (2ª Região):

O momento processual da aferição da incapacidade para fins de benefícios previdenciários ou assistenciais é o da confecção do laudo pericial, constituindo violação ao princípio do contraditório e da ampla defesa a juntada, após esse momento, de novos documentos ou a formulação de novas alegações que digam respeito à afirmada incapacidade, seja em razão da mesma afecção ou de outra.

Enunciado n. 84 do FONAJEF:

Não é causa de nulidade nos juizados especiais federais a mera falta de intimação das partes da entrega do laudo pericial.

Súmula n. 27 das Turmas Recursais de Santa Catarina (4ª Região):

Nos pedidos de concessão ou restabelecimento de benefício por incapacidade, a nomeação de médico não especialista na área da patologia da qual a parte-autora alega ser portadora, por si só, não implica nulidade.

Súmula n. 08 da Turma Recursal do Espírito Santo (2ª Região):

O laudo médico particular é prova unilateral, enquanto o laudo médico pericial produzido pelo juízo é, em princípio, imparcial. O laudo pericial, sendo conclusivo a respeito da plena capacidade laborativa, há de prevalecer sobre o particular.

Súmula n. 09 da Turma Recursal do Espírito Santo (2ª Região):

A não nomeação de defensor público ou advogado dativo para formular quesitos para a perícia não acarreta cerceamento de defesa, eis que, no âmbito dos Juizados Especiais Federais, a parte pode exercer o *jus postulandi* (art. 10 da Lei n. 10.259/01). Ademais, sendo os quesitos do juízo suficientes para aferir a existência ou não de capacidade laborativa, afastada está o cerceamento.

Qualidade de segurado

Súmula n. 26 da AGU:

Para a concessão de benefício por incapacidade, não será considerada a perda da qualidade de segurado decorrente da própria moléstia incapacitante.

Enunciado n. 23 das Turmas Recursais de São Paulo (3ª Região):

A qualidade de segurado, para fins de concessão de auxílio-doença e aposentadoria por invalidez, deve ser verificada quando do início da incapacidade.

Enunciado n. 08 do CRPS:

Fixada a data do início da incapacidade antes da perda da qualidade de segurado, a falta de contribuição posterior não prejudica o seu direito as prestações previdenciárias.

Enunciado n. 13 da Turma recursal do Mato Grosso do Sul (3ª Região):

Quem perde a condição de segurado quando ainda é capaz para o trabalho não faz jus aos benefícios de auxílio-doença ou aposentadoria por invalidez, mesmo se já estava acometido da doença progressiva que posteriormente resultou na incapacidade.

Súmula n. 53 da TNU:

Não há direito a auxílio-doença ou a aposentadoria por invalidez quando a incapacidade para o trabalho é preexistente ao reingresso do segurado no Regime Geral de Previdência Social.

Retorno ao trabalho e presunção de capacidade

Súmula n. 72 da TNU:

É possível o recebimento de benefício por incapacidade durante período em que houve exercício de atividade remunerada quando comprovado que o segurado estava incapaz para as atividades habituais na época em que trabalhou.

Enunciado n. 104 do FONAJEF:

Tratando-se de benefício por incapacidade, o recolhimento de contribuição previdenciária não é capaz, por si só, de ensejar presunção absoluta da capacidade laboral, admitindo-se prova em contrário.

Enunciado n. 97 das Turmas Recursais do Rio de Janeiro (2ª Região):

A mera anotação no CNIS de existência ou permanência de vínculo laboral não gera presunção de capacidade do segurado.

Suspensão e cancelamento

Enunciado n. 28 das Turmas Recursais de Minas Gerais (1ª Região):

A concessão judicial de benefício previdenciário não impede a observância, pelo INSS, dos procedimentos prescritos pelo art. 101 da Lei n. 8.213/91.

5. Auxílio-Reclusão (*Vide* Item 26: *Dependentes*)

Baixa renda

Enunciado n. 23 da Turma Recursal do Espírito Santo (2ª Região):

Até que norma infraconstitucional venha a regulamentar os benefícios de auxílio-reclusão e salário-família, previstos no art. 201, IV, da CRFB/88, o requisito econômico para a sua obtenção, previsto no art. 13 da EC n. 20/98, refere-se à renda bruta mensal dos beneficiários da prestação, ou seja, os dependentes do segurado. (Enunciado defasado devido à decisão do STF que determina que a renda bruta a ser analisada é a do segurado – REs ns. 587.365 e 486.413)

Súmula n. 05 da TRU/4:

Para fins de concessão do auxílio-reclusão, o conceito de renda bruta mensal se refere à renda auferida pelos dependentes e não a do segurado recluso. (Súmula defasada devido à decisão do STF que determina que a renda bruta a ser analisada é a do segurado – REs ns. 587.365 e 486.413)

Progressão de regime

Enunciado n. 24 do CRPS:

A mera progressão da pena do instituidor do benefício ao regime semiaberto não ilide o direito dos seus dependentes ao auxílio reclusão, salvo se for comprovado exercer ele atividade remunerada que lhes garanta a subsistência. (Enunciado revogado)

6. Aposentadoria por Idade

Cálculo

Súmula n. 76 da TNU:

A averbação de tempo de serviço rural não contributivo não permite majorar o coeficiente de cálculo da renda mensal inicial de aposentadoria por idade previsto no art. 50 da Lei n. 8.213/91.

Carência

Súmula n. 44 da TNU:

Para efeito de aposentadoria urbana por idade, a tabela progressiva de carência prevista no art. 142 da Lei n. 8.213/91 deve ser aplicada em função do ano em que o segurado completa a idade mínima para concessão do benefício, ainda que o período de carência só seja preenchido posteriormente.

Súmula n. 02 da TRU/4:

"Para a concessão da aposentadoria por idade, não é necessário que os requisitos da idade e da carência sejam preenchidos simultaneamente".

Enunciado n. 05 da Turma Recursal do Mato Grosso do Sul (3ª Região):

Os requisitos para concessão do benefício de aposentadoria por idade não precisam ser cumpridos simultaneamente.

Enunciado n. 06 da Turma Recursal do Mato Grosso do Sul (3ª Região):

A regra definidora do período de carência para fins de concessão do benefício de aposentadoria por idade do filiado ao Regime Geral Previdenciário antes de 24.7.1991 é a do art. 142 da Lei n. 8.213/91, ainda que tenha havido perda da qualidade de segurado.

Qualidade de segurado

Enunciado n. 14 da Turma Recursal do Espírito Santo (2ª Região):

Para concessão de aposentadoria por idade, não é necessário que os requisitos legais sejam preenchidos simultaneamente. É irrelevante que, quando do alcance da idade, já tenha o segurado perdido essa qualidade.

Enunciado n. 16 das Turmas Recursais de São Paulo (3ª Região):

Para a concessão de aposentadoria por idade, desde que preenchidos os requisitos legais, é irrelevante o fato do requerente, ao atingir a idade mínima, não mais ostentar a qualidade de segurado.

Enunciado n. 27 das Turmas Recursais de Minas Gerais (1ª Região):

A perda da qualidade de segurado não importa o perecimento do direito à aposentadoria por idade, desde que, atendido o requisito da carência, venha o autor a implementar a idade mínima exigida.

Rural (Vide item 10: Atividade Rural)

Súmula n. 54 da TNU:

Para a concessão de aposentadoria por idade de trabalhador rural, o tempo de exercício de atividade equivalente à carência deve ser aferido no período imediatamente anterior ao requerimento administrativo ou à data do implemento da idade mínima.

Súmula n. 04 da TRU/5:

A norma prevista no art. 49, inciso II, da Lei n. 8.213/91 impõe que a DIB da aposentadoria por idade de segurado especial seja fixada na DER desse benefício, sendo para tanto irrelevante o momento em que integrada a prova da situação de fato originadora do direito.

Enunciado n. 91 das Turmas Recursais do Rio de Janeiro:

É assegurado o direito à aposentadoria rural por idade, desde que preenchidos os requisitos legais para tanto, quais sejam, idade mínima e comprovação do exercício de atividade rural, ainda que de forma descontínua, no período imediatamente anterior ao mês em que cumprido o requisito etário, em número de meses idêntico à carência exigida para concessão do benefício, independentemente de carência.

Urbana

Enunciado n. 90 das Turmas Recursais do Rio de Janeiro:

É assegurado o direito à aposentadoria urbana por idade, desde que preenchidos os requisitos legais para tanto, quais sejam, idade mínima e carência, ainda que não simultaneamente, sendo irrelevante a perda da qualidade de segurado para a concessão do benefício.

7. Aposentadoria por Invalidez

Cálculo

Súmula n. 65 da TNU:

Os benefícios de auxílio-doença, auxílio-acidente e aposentadoria por invalidez concedidos no período de 28.3.2005 a 20.7.2005 devem ser calculados nos termos da Lei n. 8.213/1991, em sua redação anterior à vigência da Medida Provisória n. 242/2005.

Súmula n. 57 da TNU:

O auxílio-doença e a aposentadoria por invalidez não precedida de auxílio-doença, quando concedidos na vigência da Lei n. 9.876/1999, devem ter o salário de benefício apurado com base na média aritmética simples dos maiores salários de contribuição correspondentes a 80% do período contributivo, independentemente da data de filiação do segurado ou do número de contribuições mensais no período contributivo.

Súmula n. 24 das Turmas Recursais de Santa Catarina (4ª Região):

Para os benefícios previdenciários de aposentadoria por invalidez, auxílio-doença e auxílio-acidente, concedidos após a vigência da Lei n. 9.876/99, o salário de benefício consistirá na média aritmética simples dos maiores salários de contribuição correspondentes a 80% de todo o período contributivo, independentemente da data de filiação ao RGPS e do número de contribuições mensais vertidas no período contributivo.

Súmula n. 16 das Turmas Recursais do Rio Grande do Sul (4ª Região):

O salário de benefício que serviu de base para o cálculo da renda mensal inicial do auxílio-doença, devidamente reajustado, deve ser considerado como Salário de Contribuição para a aposentadoria por invalidez, nos termos do § 5º do art. 29 da Lei n. 8.213/91. (Em caso de benefício precedido, aplica-se o art. 36, § 7º, do Decreto n. 3.048/99 — vide RE n. 583.834).

Súmula n. 09 das Turmas Recursais de Santa Catarina (4ª Região):

Na fixação da renda mensal inicial da aposentadoria por invalidez precedida de auxílio-doença deve-se apurar o salário de benefício na forma do art. 29, § 5º, da Lei n. 8.213/91. (Súmula defasada — vide RE n. 583.834).

Enunciado n. 43 da Turma Recursal do Espírito Santo (2ª Região):

No cálculo do valor da RMI da aposentadoria por invalidez, deverão ser utilizados os salários de benefício do auxílio-doença como salários de contribuição, quando este preceder aquela. (Súmula defasada — vide RE n. 583.834)

Súmula n. 47 da Turma Recursal do Espírito Santo (2ª Região):

Para a aposentadoria por invalidez e para o auxílio-doença concedido sob a vigência da Lei n. 9.876/99, o salário de benefício deve ser apurado com base na média aritmética simples dos maiores salários de contribuição correspondentes a 80% do período contributivo, independentemente da data de filiação do segurado e do número de contribuições mensais no período contributivo. É ilegal o art. 32, § 20, do Decreto n. 3.048/99, acrescentado pelo Decreto n. 5.545/2005.

Enunciado n. 31 das Turmas Recursais do DF (1ª Região):

O valor da aposentadoria por invalidez concedida antes da Lei n. 9.032/95 deve ser revisado nos termos da nova redação do art. 44 da Lei n. 8.231/91, para ser procedido o pagamento integral do salário-benefício. (Súmula cancelada)

Cômputo como carência

Súmula n. 07 da TRU/4:

Computa-se para efeito de carência o período em que o segurado usufruiu benefício previdenciário por incapacidade.

Súmula n. 73 da TNU:

O tempo de gozo de auxílio-doença ou de aposentadoria por invalidez não decorrentes de acidente de trabalho só pode ser computado como tempo de contribuição ou para fins de carência quando intercalado entre períodos nos quais houve recolhimento de contribuições para a previdência social.

Condições sociais e pessoais

Súmula n. 77 da TNU:

O julgador não é obrigado a analisar as condições pessoais e sociais quando não reconhecer a incapacidade do requerente para a sua atividade habitual.

Súmula n. 78 da TNU:

Comprovado que o requerente de benefício é portador do vírus HIV, cabe ao julgador verificar as condições pessoais, sociais, econômicas e culturais, de forma a analisar a incapacidade em sentido amplo, em face da elevada estigmatização social da doença.

Súmula n. 47 da TNU:

Uma vez reconhecida a incapacidade parcial para o trabalho, o juiz deve analisar as condições pessoais e sociais do segurado para a concessão de aposentadoria por invalidez.

Enunciado n. 08 da Turma Recursal do Mato Grosso do Sul (3ª Região):

É incapaz, para fins de concessão do benefício de aposentadoria por invalidez, o segurado que não possa mais desempenhar suas atividades habituais nem possa se readaptar a outra profissão em decorrência de idade avançada ou baixo grau de instrução.

DII (Data de início da incapacidade)

Súmula n. 53 da TNU:

Não há direito a auxílio-doença ou a aposentadoria por invalidez quando a incapacidade para o trabalho é preexistente ao reingresso do segurado no Regime Geral de Previdência Social.

Enunciado n. 79 das Turmas Recursais do Rio de Janeiro (2ª Região):

Não merece reforma a sentença que fixa a data de início do benefício na data da perícia médica judicial quando esta não puder definir o início da incapacidade.

Enunciado n. 23 das Turmas Recursais de São Paulo (3ª Região):

A qualidade de segurado, para fins de concessão de auxílio-doença e aposentadoria por invalidez, deve ser verificada quando do início da incapacidade.

Enunciado n. 08 do CRPS:

Fixada a data do início da incapacidade antes da perda da qualidade de segurado, a falta de contribuição posterior não prejudica o seu direito as prestações previdenciárias.

Súmula n. 1 da Turma Recursal de Piauí (1ª Região):

Não sendo possível aferir por outros elementos de prova o início da incapacidade, o benefício deve ser concedido a partir da data da confecção do laudo pericial oficial.

Incapacidade

Enunciado n. 08 da Turma Recursal do Mato Grosso do Sul (3ª Região):

É incapaz, para fins de concessão do benefício de aposentadoria por invalidez, o segurado que não possa mais desempenhar suas atividades habituais nem possa se readaptar a outra profissão em decorrência de idade avançada ou baixo grau de instrução.

Enunciado n. 13 da Turma Recursal do Mato Grosso do Sul (3ª Região):

Quem perde a condição de segurado quando ainda é capaz para o trabalho não faz jus aos benefícios de auxílio-doença ou aposentadoria por invalidez, mesmo se já estava acometido da doença progressiva que posteriormente resultou na incapacidade.

Julgamento *extra petita*

Súmula n. 22 da Turma Recursal do Espírito Santo (2ª Região):

Não há julgamento *"extra petita"* quando a decisão concede auxílio-doença ao invés da aposentadoria por invalidez, ou vice-versa, desde que satisfeitos todos os requisitos para obtenção do benefício concedido.

Laudo pericial

Enunciado n. 72 das Turmas Recursais do Rio de Janeiro (2ª Região):

Não merece reforma a sentença que acolhe os fundamentos técnicos do laudo pericial para conceder ou negar benefício previdenciário ou assistencial quando o recurso não trouxer razões que possam afastar a higidez do laudo.

Enunciado n. 105 do FONAJEF:

Não se exige médico especialista para a realização de perícias judiciais, salvo casos excepcionais, a critério do juiz.

Enunciado n. 84 das Turmas Recursais do Rio de Janeiro (2ª Região):

O momento processual da aferição da incapacidade para fins de benefícios previdenciários ou assistenciais é o da confecção do laudo pericial, constituindo violação ao princípio do contraditório e da ampla defesa a juntada, após esse momento, de novos documentos ou a formulação de novas alegações que digam respeito à afirmada incapacidade, seja em razão da mesma afecção ou de outra.

Enunciado n. 84 do FONAJEF:

Não é causa de nulidade nos juizados especiais federais a mera falta de intimação das partes da entrega do laudo pericial.

Súmula n. 27 das Turmas Recursais de Santa Catarina (4ª Região):

Nos pedidos de concessão ou restabelecimento de benefício por incapacidade, a nomeação de médico não especialista na área da patologia da qual a parte-autora alega ser portadora, por si só, não implica nulidade.

Súmula n. 08 da Turma Recursal do Espírito Santo (2ª Região):

O laudo médico particular é prova unilateral, enquanto o laudo médico pericial produzido pelo juízo é, em princípio, imparcial. O laudo pericial, sendo conclusivo a respeito da plena capacidade laborativa, há de prevalecer sobre o particular.

Súmula n. 09 da Turma Recursal do Espírito Santo (2ª Região):

A não nomeação de defensor público ou advogado dativo para formular quesitos para a perícia não acarreta cerceamento de defesa, eis que, no âmbito dos Juizados Especiais Federais, a parte pode exercer o *jus postulandi* (art. 10 da Lei n. 10.259/01). Ademais, sendo os quesitos do juízo suficientes para aferir a existência ou não de capacidade laborativa, afastada está o cerceamento.

Qualidade de segurado

Súmula n. 53 da TNU:

Não há direito a auxílio-doença ou a aposentadoria por invalidez quando a incapacidade para o trabalho é preexistente ao reingresso do segurado no Regime Geral de Previdência Social.

Súmula n. 26 da AGU:

Para a concessão de benefício por incapacidade, não será considerada a perda da qualidade de segurado decorrente da própria moléstia incapacitante.

Enunciado n. 23 das Turmas Recursais de São Paulo (3ª Região):

A qualidade de segurado, para fins de concessão de auxílio-doença e aposentadoria por invalidez, deve ser verificada quando do início da incapacidade.

Enunciado n. 08 do CRPS:

Fixada a data do início da incapacidade antes da perda da qualidade de segurado, a falta de contribuição posterior não prejudica o seu direito as prestações previdenciárias.

Enunciado n. 13 da Turma Recursal do Mato Grosso do Sul (3ª Região):

Quem perde a condição de segurado quando ainda é capaz para o trabalho não faz jus aos benefícios de auxílio-doença ou aposentadoria por invalidez, mesmo se já estava acometido da doença progressiva que posteriormente resultou na incapacidade.

Retorno ao trabalho e presunção de capacidade

Enunciado n. 104 do FONAJEF:

Tratando-se de benefício por incapacidade, o recolhimento de contribuição previdenciária não é capaz, por si só, de ensejar presunção absoluta da capacidade laboral, admitindo-se prova em contrário.

Enunciado n. 97 das Turmas Recursais do Rio de Janeiro (2ª Região):

A mera anotação no CNIS de existência ou permanência de vínculo laboral não gera presunção de capacidade do segurado.

Súmula n. 72 da TNU:

É possível o recebimento de benefício por incapacidade durante período em que houve exercício de atividade remunerada quando comprovado que o segurado estava incapaz para as atividades habituais na época em que trabalhou.

Suspensão e cancelamento

Enunciado n. 28 das Turmas Recursais de Minas Gerais (1ª Região):

A concessão judicial de benefício previdenciário não impede a observância, pelo INSS, dos procedimentos prescritos pelo art. 101 da Lei n. 8.213/91.

8. Aposentadoria por Tempo de Contribuição

Aluno-aprendiz

Súmula n. 18 da TNU:

Provado que o aluno aprendiz de Escola Técnica Federal recebia remuneração, mesmo que indireta, à conta do orçamento da União, o respectivo tempo de serviço pode ser computado para fins de aposentadoria previdenciária.

Súmula n. 32 TRF/2:

Conta-se como tempo de efetivo serviço, para fins previdenciários, o período de atividade como aluno-aprendiz em escola técnica, exercida sob a vigência do Decreto n. 4.073/42, desde que tenha havido retribuição pecuniária, admitindo-se como tal o recebimento de alimentação, vestuário, moradia, material escolar e parcela de renda auferida com a execução de encomendas para terceiros, à conta do orçamento da união, independente de descontos previdenciários.

Súmula n. 24 da AGU:

É permitida a contagem, como tempo de contribuição, do tempo exercido na condição de aluno-aprendiz referente ao período de aprendizado profissional realizado em escolas técnicas, desde que comprovada a remuneração, mesmo que indireta, à conta do orçamento público e o vínculo empregatício.

Súmula n. 02 da Turma Recursal do Rio Grande do Norte (5ª Região):

O período de estudo do aluno-aprendiz, desde que realizado em escola profissional e comprovada a retribuição pecuniária à conta do orçamento público sob a forma de alimentação, fardamento, material escolar ou mesmo parcela de renda auferida com a execução de encomendas para terceiros, é contado como tempo de serviço para efeito de aposentadoria.

CTPS

Súmula n. 75 da TNU:

A Carteira de Trabalho e Previdência Social (CTPS) em relação à qual não se aponta defeito formal que lhe comprometa a fidedignidade goza de presunção relativa de veracidade, formando prova suficiente de tempo de serviço para fins previdenciários, ainda que a anotação de vínculo de emprego não conste no Cadastro Nacional de Informações Sociais (CNIS).

Enunciado n. 89 das Turmas Recursais do Rio de Janeiro (2ª Região):

A anotação em CTPS goza de presunção relativa quanto à existência e duração do vínculo, só podendo ser desconstituída por prova documental inequívoca, em sentido contrário, inclusive para fins previdenciários.

Enunciado n. 49 da Turma Recursal do Espírito Santo (2ª Região):

A ausência de cadastro do vínculo de emprego no CNIS não serve como prova contrária à veracidade da anotação na CTPS.

Súmula n. 31 da TNU:

A anotação na CTPS decorrente de sentença trabalhista homologatória constitui início de prova material para fins previdenciários.

Contribuinte individual

Enunciado n. 16 da Turma Recursal do Espírito Santo (2ª Região):

Segurado autônomo que não recolheu as contribuições na época própria deve ressarcir ao INSS mediante o pagamento da indenização a que se refere o art. 96, IV da Lei n. 8.213/91, cuja apuração é regida pelo art. 45, §§ 2º e 4º, da Lei n. 8.212/91, devendo o cálculo da indenização das contribuições em atraso, para efeito de aproveitamento de tempo de serviço, observar os critérios vigentes no momento em que o segurado manifesta interesse na regularização da situação.

DIB (Data de início do benefício)

Súmula n. 33 da TNU:

Quando o segurado houver preenchido os requisitos legais para concessão da aposentadoria por tempo de serviço na data do requerimento administrativo, esta data será o termo inicial da concessão do benefício.

Monitor universitário

Súmula n. 18 do TRF/5:

PREVIDENCIÁRIO. TEMPO DE SERVIÇO. MONITOR UNIVERSITÁRIO. CONTAGEM INDEVIDA. O tempo de treinamento do estudante como monitor universitário não é contado para fins previdenciários.

Processual

Súmula n. 40 TRF/1:

O mandado de segurança não é a via própria para a comprovação de tempo de serviço para efeito previdenciário, quando ensejar dilação probatória.

Súmula n. 242 do STJ:

Cabe ação declaratória para reconhecimento de tempo de serviço para fins previdenciários.

Professor

Súmula n. 726 STF:

Para efeito de aposentadoria especial de professores, não se computa o tempo de serviço prestado fora da sala de aula. (Defasada — *vide* Lei n. 11.301/2006)

Súmula n. 03 da Turma Recursal do Maranhão (1ª região):

A atividade desenvolvida pelo Orientador de Aprendizagem, considerando-se o atendimento da qualificação para o seu exercício, equivale, ontologicamente, ao cargo de Professor, devendo integrar, por conseguinte, o quadro de funções de magistério, sendo irrelevante a nomenclatura que se lhe cometeu.

Súmula n. 18 do TRF/5:

PREVIDENCIÁRIO. TEMPO DE SERVIÇO. MONITOR UNIVERSITÁRIO. CONTAGEM INDEVIDA. O tempo de treinamento do estudante como monitor universitário não é contado para fins previdenciários.

Enunciado n. 37 do CRPS:

O tempo de serviço laborado como professor pode ser enquadrado como especial, nos termos do código 2.1.4 do Quadro anexo ao Decreto n. 53.831/64, até 8.7.1981, data anterior à vigência da Emenda Constitucional n. 18/1981.

Proporcional

Súmula n. 49 do TRF/4:

O critério de cálculo da aposentadoria proporcional estabelecido no art. 53 da Lei n. 8.213/91 não ofende o texto constitucional.

Reclamatória trabalhista

Enunciado n. 04 do CRPS:

Consoante inteligência do § 3º, do art. 55, da Lei n. 8.213/91, não será admitida como eficaz para comprovação de tempo de contribuição e para os fins previstos na legislação previdenciária, a ação Reclamatória Trabalhista em que a decisão não tenha sido fundamentada em início razoável de prova material contemporânea constante nos autos do processo.

Súmula n. 31 da TNU:

A anotação na CTPS decorrente de sentença trabalhista homologatória constitui início de prova material para fins previdenciários.

Súmula n. 74 da AGU:

Na Reclamação Trabalhista, quando o acordo for celebrado e homologado após o trânsito em julgado, a contribuição previdenciária incidirá sobre o valor do ajuste, respeitada a proporcionalidade das parcelas de natureza salarial e indenizatória deferidas na decisão condenatória.

Súmula n. 67 da AGU:

Na Reclamação Trabalhista, até o trânsito em julgado, as partes são livres para discriminar a natureza das verbas objeto do acordo judicial para efeito do cálculo da contribuição previdenciária, mesmo que tais valores não correspondam aos pedidos ou à proporção das verbas salariais constantes da petição inicial.

Segurado especial (*Vide* item 10: *Atividade rural*):

Súmula n. 272 do STJ:

O trabalhador rural, na condição de segurado especial, sujeito à contribuição obrigatória sobre a produção rural comercializada, somente faz jus à aposentadoria por tempo de serviço, se recolher contribuições facultativas.

Servidor celetista

Súmula n. 20 da TNU:

"A Lei n. 8.112, de 11 de dezembro de 1990, não modificou a situação do servidor celetista anteriormente aposentado pela Previdência Social Urbana".

Testemunhas e início de prova material

Súmula n. 27 TRF/1:

Não é admissível prova exclusivamente testemunhal para reconhecimento de tempo de exercício de atividade urbana e rural (Lei n. 8.213/91, art. 55, § 3º).

Enunciado n. 07 das Turmas Recursais de São Paulo:

A comprovação de tempo de serviço rural ou urbano depende de início de prova material da prestação de serviço, nos termos do art. 55, § 3º, da Lei n. 8.213/91.

9. Atividade Especial

Ausência de requisito etário

Súmula n. 33 TRF/1:

Aposentadoria especial decorrente do exercício de atividade perigosa, insalubre ou penosa não exige idade mínima do segurado.

Enunciado n. 99 das Turmas Recursais do Rio de Janeiro (2ª Região):

Aposentadoria especial subsiste após a Emenda Constitucional n. 20 nos termos do § 1º do art. 201 da CF, sem exigência do requisito etário.

Contribuinte individual

Súmula n. 62 da TNU:

O segurado contribuinte individual pode obter reconhecimento de atividade especial para fins previdenciários, desde que consiga comprovar exposição a agentes nocivos à saúde ou à integridade física.

Conversão de tempo especial para comum

Súmula n. 50 da TNU:

É possível a conversão do tempo de serviço especial em comum do trabalho prestado em qualquer período.

Súmula n. 16 da TNU:

A conversão em tempo de serviço comum, do período trabalhado em condições especiais, somente é possível relativamente à atividade exercida até 28 de maio de 1998 (art. 28 da Lei n. 9.711/98). (Súmula cancelada)

Enunciado n. 64 das Turmas Recursais do Rio de Janeiro (2ª Região):

Admite-se a conversão para comum do tempo de serviço prestado sob condições especiais em qualquer época, por não ter a Lei n. 9.711/98 revogado o art. 57, § 5º da Lei n. 8.213/91.

Súmula n. 15 da TRU/4:

É possível a conversão em tempo de serviço comum do período trabalhado em condições especiais relativamente à atividade exercida após 28 de maio de 1998.

Enunciado n. 37 do CRPS:

O tempo de serviço laborado como professor pode ser enquadrado como especial, nos termos do código 2.1.4 do Quadro anexo ao Decreto n. 53.831/64, até 8.7.1981, data anterior à vigência da Emenda Constitucional n. 18/1981.

EPI

Enunciado n. 13 da Turma Recursal do Espírito Santo (2ª Região):

Para que o uso de equipamento de proteção individual possa afastar a condição de insalubridade, computando-se o tempo de serviço como comum, é necessário que a redução ou eliminação de risco à saúde seja comprovada de forma cabal. (*Vide* ARE n. 664.335)

Enunciado n. 21 do CRPS:

O simples fornecimento de equipamento de proteção individual de trabalho pelo empregador não exclui a hipótese de exposição do trabalhador aos agentes nocivos à saúde, devendo ser considerado todo o ambiente de trabalho. (*Vide* ARE n. 664.335)

Súmula n. 09 da TNU:

O uso de Equipamento de Proteção Individual (EPI), ainda que elimine a insalubridade, no caso de exposição a ruído, não descaracteriza o tempo de serviço especial prestado. (*Vide* ARE n. 664.335)

Habitualidade

Súmula n. 49 da TNU:

Para reconhecimento de condição especial de trabalho antes de 29.4.1995, a exposição a agentes nocivos à saúde ou à integridade física não precisa ocorrer de forma permanente.

Enunciado n. 20 das Turmas Recursais de Minas Gerais (1ª Região):

Antes do advento da Lei n. 9.032/95, não era exigível, para fins de classificação da atividade como especial, que a exposição do trabalhador aos agentes considerados prejudiciais à saúde e à integridade física se desse de forma permanente e habitual, não ocasional nem intermitente, razão pela qual não se admite a imposição de tais requisitos em relação aos serviços prestados anteriormente à sua vigência".

Pedreiro

Súmula n. 71 da TNU:

"O mero contato do pedreiro com o cimento não caracteriza condição especial de trabalho para fins previdenciários".

Multiplicador

Súmula n. 55 da TNU:

"A conversão do tempo de atividade especial em comum deve ocorrer com aplicação do fator multiplicativo em vigor na data da concessão da aposentadoria".

Provas

Súmula n. 68 da TNU:

"O laudo pericial não contemporâneo ao período trabalhado é apto à comprovação da atividade especial do segurado".

Enunciado n. 17 das Turmas Recursais de São Paulo (3ª Região):

"Em matéria de comprovação de tempo de serviço especial, aplica-se a legislação vigente à época da prestação de serviço».

Súmula n. 04 das Turmas Recursais de Santa Catarina (4ª Região):

"O enquadramento do tempo de atividade especial por categoria profissional prevalece somente até 28.4.1995 (Lei n. 9.032/95)".

Súmula n. 05 das Turmas Recursais de Santa Catarina (4ª Região):

"Exige-se laudo técnico para comprovação da efetiva sujeição do segurado a agentes agressivos somente em relação à atividade prestada a partir de 6.3.1997 (Decreto n. 2.172/97), exceto quanto ao ruído, para o qual imprescindível aquela prova também no período anterior".

Enunciado n. 20 do CRPS:

Salvo em relação ao agente agressivo ruído, não será obrigatória a apresentação de laudo técnico pericial para períodos de atividades anteriores à edição da Medida Provisória n. 1.523-10, de 11.10.96, facultando-se ao segurado a comprovação de efetiva exposição a agentes agressivos à sua saúde ou integridade física mencionados nos formulários SB-40 ou DSS-8030, mediante o emprego de qualquer meio de prova em direito admitido.

Enunciado n. 32 do CRPS:

A atividade especial efetivamente desempenhada pelo(a) segurado(a), permite o enquadramento por categoria profissional nos Anexos aos Decretos ns. 53.831/64 e 83.080/79, ainda que divergente do registro em Carteira de Trabalho da Previdência Social — CTPS — e/ou Ficha de Registro de Empregados, desde que comprovado o exercício nas mesmas condições de insalubridade, periculosidade ou penosidade.

Enunciado n. 33 do CRPS:

Para os efeitos de reconhecimento de tempo especial, o enquadramento do tempo de atividade do trabalhador rural, segurado empregado, sob o código 2.2.1 do Quadro anexo ao Decreto n. 53.831, de 25.3.1964, é possível quando o regime de vinculação for o da Previdência Social Urbana, e não o da Previdência Rural (PRORURAL), para os períodos anteriores à unificação de ambos os regimes pela Lei n. 8.213, de 1991, e aplica-se ao tempo de atividade rural exercido até 28.4.1995".

Ruído

Súmula n. 16 das Turmas Recursais de Santa Catarina (4ª Região):

É considerado especial, até 5.3.1997 (Decreto n. 2.172), o trabalho exercido com sujeição a ruído superior a 80 dB.

Súmula n. 32 da TNU:

O tempo de trabalho laborado com exposição a ruído é considerado especial, para fins de conversão em comum, nos seguintes níveis: superior a 80 decibéis, na vigência do Decreto n. 53.831/64 e, a contar de 5 de março de 1997, superior a 85 decibéis, por força da edição do Decreto n. 4.882, de 18 de novembro de 2003, quando a Administração Pública reconheceu e declarou a nocividade à saúde de tal índice de ruído". (Súmula cancelada — *vide* Pet n. 9.059/RS)

Súmula n. 29 da AGU:

Atendidas as demais condições legais, considera-se especial, no âmbito do RGPS, a atividade exercida com exposição a ruído superior a 80 decibéis até 5.3.1997, superior a 90 decibéis desta data até 18.11.2003, e superior a 85 decibéis a partir de então.

Súmula n. 05 das Turmas Recursais de Santa Catarina (4ª Região):

Exige-se laudo técnico para comprovação da efetiva sujeição do segurado a agentes agressivos somente em relação à atividade prestada a partir de 6.3.1997 (Decreto n. 2.172/97), exceto quanto ao ruído, para o qual imprescindível aquela prova também no período anterior.

Enunciado n. 20 do CRPS:

Salvo em relação ao agente agressivo ruído, não será obrigatória a apresentação de laudo técnico pericial para períodos de atividades anteriores à edição da Medida Provisória n. 1.523-10, de 11.10.1996, facultando-se ao segurado a comprovação de efetiva exposição a agentes agressivos à sua saúde ou integridade física mencionados nos formulários SB-40 ou DSS-8030, mediante o emprego de qualquer meio de prova em direito admitido.

Súmula n. 09 da TNU:

O uso de Equipamento de Proteção Individual (EPI), ainda que elimine a insalubridade, no caso de exposição a ruído, não descaracteriza o tempo de serviço especial prestado. (*Vide* ARE n. 664.335)

Enunciado n. 21 das Turmas Recursais de Minas Gerais (1ª Região):

Considerando que os Decretos ns. 53.081/64 e 83.080/79 tiveram vigência concomitante até a edição do Decreto n. 2.172/97, devem ser classificadas como insalubres as atividades exercidas com exposição a ruídos superiores a 80 decibéis, conforme foi reconhecido inclusive pelo próprio INSS, nos termos do art. 173 da Instrução Normativa n. 57, de 10.10.2001. (*Vide* Pet n. 9.059/RS)

Servidor público

Súmula Vinculante n. 33 do STF:

Aplicam-se ao servidor público, no que couber, as regras do regime geral da previdência social sobre aposentadoria especial de que trata o art. 40, § 4º, inciso III da Constituição Federal, até a edição de Lei complementar específica.

Tratorista

Súmula n. 70 da TNU:

A atividade de tratorista pode ser equiparada à de motorista de caminhão para fins de reconhecimento de atividade especial mediante enquadramento por categoria profissional.

Vigilante

Súmula n. 10 da TRU/4:

É indispensável o porte de arma de fogo à equiparação da atividade de vigilante à de guarda, elencada no item 2.5.7 do anexo III do Decreto n. 53.831/64.

Súmula n. 26 da TNU:

A atividade de vigilante enquadra-se como especial, equiparando-se à de guarda, elencada no item 2.5.7. do Anexo III do Decreto n. 53.831/64.

10. Atividade Rural

Contagem recíproca

Enunciado n. 22 das Turmas Recursais de São Paulo (3ª Região):

O reconhecimento de tempo de serviço rural anterior à Lei n. 8.213/1991, como segurado empregado ou especial, só pressupõe o recolhimento das respectivas contribuições, quando destinado à contagem recíproca junto a regime próprio de previdência social de servidor público.

Menor de 14 anos

Súmula n. 05 da TNU:

A prestação de serviço rural por menor de 12 a 14 anos, até o advento da Lei n. 8.213, de 24 de julho de 1991, devidamente comprovada, pode ser reconhecida para fins previdenciários.

Provas — Documentos de terceiros

Súmula n. 73 TRF/4:

Admitem-se como início de prova material do efetivo exercício de atividade rural, em regime de economia familiar, documentos de terceiros, membros do grupo parental.

Súmula n. 09 da TRU/4:

Admitem-se como início de prova material, documentos em nome de integrantes do grupo envolvido no regime de economia familiar rural.

Súmula n. 32 da AGU:

Para fins de concessão dos benefícios dispostos nos artigos 39, inciso I e seu parágrafo único, e 143 da Lei n. 8.213, de 24 de julho de 1991, serão considerados como início razoável de prova material documentos públicos e particulares dotados de fé pública, desde que não contenham rasuras ou retificações recentes, nos quais conste expressamente a qualificação do segurado, de seu cônjuge, enquanto casado, ou companheiro, enquanto durar a união estável, ou de seu ascendente, enquanto dependente deste, como rurícola, lavrador ou agricultor, salvo a existência de prova em contrário.

Súmula n. 06 da TNU:

A certidão de casamento ou outro documento idôneo que evidencie a condição de trabalhador rural do cônjuge constitui início razoável de prova material da atividade rurícola.

Enunciado n. 22 do CRPS:

Considera-se segurada especial a mulher que, além das tarefas domésticas, exerce atividades rurais com o grupo familiar respectivo, aproveitando-se-lhe as provas materiais apresentadas em nome de seu cônjuge ou companheiro, corroboradas por meio de pesquisa, entrevista ou Justificação Administrativa.

Provas — Testemunhas

Súmula n. 149 STJ:

A prova exclusivamente testemunhal não basta a comprovação da atividade rurícola, para efeito da obtenção de benefício previdenciário.

Súmula n. 02 da Turma Recursal Maranhão (1ª Região):

Ressalvados os casos de força maior ou caso fortuito, a comprovação do exercício da atividade rural impõe a conjugação de início razoável de prova material corroborada por prova testemunhal. (STJ, Verbete n. 149).

Provas — Declaração sindical

Enunciado n. 50 da Turma Recursal do Espírito Santo (2ª Região):

A declaração do sindicato de trabalhadores rurais sem homologação do INSS não vale como início de prova material.

Provas — Contemporaneidade

Súmula n. 34 da TNU:

Para fins de comprovação do tempo de labor rural, o início de prova material deve ser contemporâneo à época dos fatos a provar.

Súmula n. 01 da TRU/5:

"O início de prova material, para fins de comprovação de atividade rural, não precisa guardar contemporaneidade com o período de exercício exigido para concessão do benefício previdenciário.

Enunciado n. 05 da Primeira Turma Recursal de Rondônia (1ª Região):

Para comprovação do tempo de trabalho rural, o início de prova material deve ser contemporâneo à época dos fatos cuja demonstração se pretenda, embora não se imponha, necessariamente, abrangê-lo integralmente.

Provas — Presunção da preservação do estado anterior

Súmula n. 14 da TNU:

Para a concessão de aposentadoria rural por idade, não se exige que o início de prova material, corresponda a todo o período equivalente à carência do benefício.

Provas — Boia-fria

Súmula n. 14 da TRU/4:

A falta de início de prova material não é impeditiva da valoração de outros meios de prova para o reconhecimento do labor rural por boia fria.

Recolhimento das contribuições

Súmula n. 15 das Turmas Recursais de Santa Catarina (4ª Região):

O tempo de serviço do segurado trabalhador rural anterior a novembro de 1991, ainda que ausente o recolhimento das contribuições previdenciárias, pode ser considerado para a concessão dos benefícios do Regime Geral de Previdência Social (RGPS), exceto para efeito de carência.

Súmula n. 272 STJ:

O trabalhador rural, na condição de segurado especial, sujeito à contribuição obrigatória sobre a produção rural comercializada, somente faz jus à aposentadoria por tempo de serviço, se recolher contribuições facultativas.

Súmula n. 24 da TNU:

O tempo de serviço do segurado trabalhador rural anterior ao advento da Lei n. 8.213/91, sem o recolhimento de contribuições previdenciárias, pode ser considerado para a concessão de benefício previdenciário do regime geral de previdência social (RGPS), exceto para efeito de carência, conforme a regra do art. 55, §2º, da Lei n. 8.213/91.

Súmula n. 27 da AGU:

Para concessão de aposentadoria no RGPS, é permitido o cômputo do tempo de serviço rural exercido anteriormente à Lei n. 8.213, de 24 de julho de 1991, independente do recolhimento das contribuições sociais respectivas, exceto para efeito de carência.

Enunciado n. 16 da Turma Recursal do Mato Grosso do Sul (3ª Região):

O deferimento de pedido de aposentadoria no regime previdenciário público parcialmente baseado em período de trabalho rural depende do recolhimento das correspondentes contribuições.

Salário-maternidade

Súmula n. 08 das Turmas Recursais da Bahia (1ª Região):

O valor da renda mensal do salário-maternidade requerido depois do nascimento da criança pela trabalhadora rural (segurada especial), corresponde a um salário mínimo vigente na data do parto, devendo ser corrigidas monetariamente as diferenças apuradas, com incidência de juros moratórios desde a citação da autarquia previdenciária.

Segurado especial — (Des)caracterização

Súmula n. 46 da TNU:

O exercício de atividade urbana intercalada não impede a concessão de benefício previdenciário de trabalhador rural, condição que deve ser analisada no caso concreto.

Súmula n. 41 da TNU:

A circunstância de um dos integrantes do núcleo familiar desempenhar atividade urbana não implica, por si só, a descaracterização do trabalhador rural como segurado especial, condição que deve ser analisada no caso concreto.

Súmula n. 30 da TNU:

Tratando-se de demanda previdenciária, o fato de o imóvel ser superior ao módulo rural não afasta, por si só, a qualificação de seu proprietário como segurado especial, desde que comprovada, nos autos, a sua exploração em regime de economia familiar.

Enunciado n. 22 do CRPS:

Considera-se segurada especial a mulher que, além das tarefas domésticas, exerce atividades rurais com o grupo familiar respectivo, aproveitando-se-lhe as provas materiais apresentadas em nome de seu cônjuge ou companheiro, corroboradas por meio de pesquisa, entrevista ou Justificação Administrativa.

Enunciado n. 07 das Turmas Recursais do D.F (1ª Região):

A realização de trabalho urbano eventual não infirma a qualidade de trabalhador rural nem inviabiliza a percepção de aposentaria por idade como segurado especial.

Súmula n. 14 da Turma Recursal de Piauí (1ª Região):

Em caso de cônjuge aposentado como segurado especial, há presunção relativa dessa condição em favor do outro cônjuge.

Enunciado n. 14 da Turma Recursal do Mato Grosso do Sul (3ª Região):

A exploração de grandes propriedades rurais, por si só, afasta a caracterização do regime de economia familiar, salvo comprovação da necessidade de utilização de toda área para a subsistência de família numerosa ou de aproveitamento parcial da terra.

11. Benefício Assistencial (LOAS)

Conceito de grupo familiar (Antes da Lei n. 12.435/11)

Enunciado n. 51 do FONAJEF:

O art. 20, parágrafo primeiro, da Lei n. 8.742/93 não é exauriente para delimitar o conceito de unidade familiar.

Enunciado n. 15 das Turmas Recursais de São Paulo (3ª Região):

Para efeitos de cômputo da renda mensal *per capita* com vistas à concessão do benefício assistencial previsto no art. 20 da Lei n. 8.742/93, considera-se família o conjunto de dependentes do Regime Geral de Previdência Social que vivam sob o mesmo teto.

Enunciado n. 02 da Turma Recursal do Mato Grosso do Sul (3ª Região):

Para fins de benefício assistencial, o cômputo da renda mensal *per capita* deve considerar o conjunto de dependentes elencados no art. 16 da Lei n. 8.213/91, desde que vivam sob o mesmo teto.

Incapacidade — Laudo pericial

Enunciado n. 84 das Turmas Recursais do Rio de Janeiro (2ª Região):

O momento processual da aferição da incapacidade para fins de benefícios previdenciários ou assistenciais é o da confecção do laudo pericial, constituindo violação ao princípio do contraditório e da ampla defesa a juntada, após esse momento, de novos documentos ou a formulação de novas alegações que digam respeito à afirmada incapacidade, seja em razão da mesma afecção ou de outra.

Enunciado n. 72 das Turmas Recursais do Rio de Janeiro (2ª Região):

Não merece reforma a sentença que acolhe os fundamentos técnicos do laudo pericial para conceder ou negar benefício previdenciário ou assistencial quando o recurso não trouxer razões que possam afastar a higidez do laudo.

Enunciado n. 105 do FONAJEF:

Não se exige médico especialista para a realização de perícias judiciais, salvo casos excepcionais, a critério do juiz.

Enunciado n. 79 das Turmas Recursais do Rio de Janeiro (2ª Região):

Não merece reforma a sentença que fixa a data de início do benefício na data da perícia médica judicial quando esta não puder definir o início da incapacidade.

Súmula n. 22 da TNU:

Se a prova pericial realizada em juízo dá conta de que a incapacidade já existia na data do requerimento administrativo, esta é o termo inicial do benefício assistencial.

Súmula n. 1 da Turma Recursal de Piauí (1ª Região):

Não sendo possível aferir por outros elementos de prova o início da incapacidade, o benefício deve ser concedido a partir da data da confecção do laudo pericial oficial.

Enunciado n. 37 das Turmas Recursais do DF (1ª Região):

Quando a prova pericial realizada em juízo constatar que a incapacidade já existia na data do requerimento administrativo, este deve ser o termo *a quo* de concessão do benefício assistencial instituído pela Lei n. 8.742/93.

Incapacidade

Súmula n. 48 da TNU:

A incapacidade não precisa ser permanente para fins de concessão do benefício assistencial de prestação continuada.

Súmula n. 29 da TNU:

Para os efeitos do art. 20, § 2º, da Lei n. 8.742, de 1993, incapacidade para a vida independente não é só aquela que impede as atividades mais elementares da pessoa, mas também a impossibilita de prover ao próprio sustento.

Súmula n. 79 da TNU:

Nas ações em que se postula benefício assistencial, é necessária a comprovação das condições socioeconômicas do autor por laudo de assistente social, por auto de constatação lavrado por oficial da justiça ou, sendo inviabilizados os referidos meios, por prova testemunhal.

Súmula n. 80 da TNU:

Nos pedidos de benefício de prestação continuada (LOAS), tendo em vista o advento da Lei n. 12.470/11, para adequada valoração dos fatores ambientais, sociais, econômicos e pessoais que impactam na participação da pessoa com deficiência na sociedade, é necessária a realização de avaliação social por assistente social ou outras providências aptas a revelar a efetiva condição vivida no meio social pelo requerente."

Súmula n. 30 da AGU:

A incapacidade para prover a própria subsistência por meio do trabalho é suficiente para a caracterização da incapacidade para a vida independente, conforme estabelecido no art. 203, V, da Constituição Federal, e art. 20, II, da Lei n. 8.742, de 7 de dezembro de 1993. (Súmula revogada)

Súmula n. 15 da Turma Recursal de Piauí (1ª Região):

Em ação que verse sobre benefício de prestação continuada (art. 20, Lei n. 8.742/93) requerido a partir de 26 de agosto de 2009, data da promulgação da Convenção Internacional sobre os Direitos das Pessoas com Deficiência e seu Protocolo Facultativo (Decreto n. 6.949/2009), constatada, pelo perito-médico, enfermidade de longo prazo, mesmo que clinicamente não incapacitante, é indispensável a realização de perícia socioeconômica para avaliar a possível existência de outras barreiras capazes de obstruir a participação plena e efetiva do autor na sociedade em igualdade de condições com as demais pessoas.

Súmula n. 18 das Turmas Recursais do Rio Grande do Sul (4ª Região):

A incapacidade temporária, ainda que parcial, é suficiente para o reconhecimento do direito ao benefício assistencial.

Súmula n. 33 da Turma Recursal do Espírito Santo (2ª Região):

A exigência de incapacidade para a vida independente como requisito ao deferimento do benefício assistencial de que trata o art. 20 da Lei n. 8.742/93 não deve ser interpretada literalmente, sob pena de restringi-lo aos portadores de deficiência prejudicados em sua capacidade de locomoção, o que não se ajusta ao plexo de princípios constitucionais que norteiam a assistência social.

Enunciado n. 03 da Turma Recursal do Mato Grosso do Sul (3ª Região):

Para fins de benefício assistencial, pessoa deficiente é aquela privada de condições físicas ou mentais para o desempenho de atividade laboral com que possa prover o sustento próprio.

Enunciado n. 17 da Turma Recursal do Mato Grosso do Sul (3ª Região):

É incapaz, para fins de concessão de benefício assistencial, a pessoa que não possa mais desempenhar suas atividades habituais nem possa se readaptar a outra profissão em decorrência de idade avançada ou baixo grau de instrução.

Legitimidade passiva

Súmula n. 61 do TRF/4:

A União e o INSS são litisconsortes passivos necessários nas ações em que seja postulado o benefício assistencial previsto no art. 20 da Lei n. 8742/93, não sendo caso de delegação de jurisdição federal. (Súmula cancelada)

Enunciado n. 06 das Turmas Recursais de São Paulo (3ª Região):

Nas ações envolvendo o benefício assistencial previsto no art. 20 da Lei n. 8.742/73 o INSS detém a legitimidade passiva exclusiva.

Súmula n. 04 da TRU/4:

A União é parte ilegítima para figurar no polo passivo nas ações em que seja postulado o benefício assistencial previsto no art. 20 da Lei n. 8.742/93.

Enunciado n. 04 da Turma Recursal do Mato Grosso do Sul (3ª Região):

Nas ações envolvendo benefício assistencial, o INSS detém a legitimidade passiva exclusiva.

Menoridade

Enunciado n. 102 das Turmas Recursais do Rio de Janeiro (2ª Região):

A menoridade, por si só, não impede a concessão do benefício de LOAS.

Renda *per capita* — Critério relativo

Enunciado n. 01 da Turma Recursal de Campinas/SP (3ª Região):

A renda mensal per capita inferior a 1/4 (um quarto) do salário mínimo não constitui critério absoluto de aferição de miserabilidade para a obtenção de benefício assistencial. (*Vide* RCL n. 4.374 e REs ns. 567.985 e 580.963)

Enunciado n. 05 das Turmas Recursais de São Paulo (3ª Região):

A renda mensal *per capita* de 1/4 (um quarto) do salário mínimo não constitui critério absoluto de aferição da miserabilidade para fins de benefício assistencial.

Súmula n. 11 da TNU:

A renda mensal, *per capita*, familiar, superior a 1/4 (um quarto) do salário mínimo não impede a concessão do benefício assistencial previsto no art. 20, § 3º da Lei n. 8.742 de 1993, desde que comprovada, por outros meios, a miserabilidade do postulante". (Súmula cancelada — *Vide* RCL n. 4.374 e REs ns. 567.985 e 580.963.

Enunciado n. 24 das Turmas Recursais do DF (1ª Região):

Para fins de benefício assistencial, da Lei n. 8.742/93 a renda mensal *per capita* de 1/4 (um quarto) do salário-mínimo não constitui critério único de aferição de miserabilidade". (Vide RCL n. 4.374 e REs ns. 567.985 e 580.963)

Enunciado n. 01 da Turma Recursal do Mato Grosso do Sul (3ª Região):

Para fins de benefício assistencial, a renda mensal *per capita* de 1/4 (um quarto) do salário mínimo não constitui critério único de aferição de miserabilidade. (*Vide* RCL n. 4.374 e REs ns. 567.985 e 580.963)

Súmula n. 01 da TRU/3:

A renda mensal *per capita* de 1/4 (um quarto) do salário mínimo não constitui critério absoluto de aferição da miserabilidade para fins de benefício assistencial. (Vide RCL 4374 e RE's 567985 e 580963)

Súmula n. 03 da Turma Recursal do Rio Grande do Norte (5ª Região):

A renda per capta de 1/4 do salário-mínimo, embora sirva como referencial para a aferição da situação familiar, não impede que, na via judicial, sejam reconhecidos outros indicadores que revelem a necessidade de amparo assistencial ao deficiente ou ao idoso. (*Vide* RCL n. 4374 e REs ns. 567.985 e 580.963)

Renda *per capita* — Média do salário mínimo:

Súmula n. 06 da TRU/4:

O critério de verificação objetiva da miserabilidade correspondente a 1/4 (um quarto) do salário mínimo, previsto no art. 20, § 3º, da Lei n. 8.742/93, restou modificado para 1/2 (meio) salário mínimo, a teor do disposto no art. 5º, I, da Lei n. 9.533/97, que autorizava o Poder Executivo a conceder apoio financeiro aos Municípios que instituíssem programas de garantia de renda mínima associados a ações socioeducativas, e art. 2º, § 2º, da Lei n. 10.689/2003, que instituiu o Programa Nacional de Acesso à Alimentação — PNAA". (Súmula cancelada — *Vide* RCL n. 4.374 e REs ns. 567.985 e 580.963)

Enunciado n. 11 da Turma Recursal do Mato Grosso do Sul (3ª Região):

O critério objetivo de verificação da miserabilidade correspondente a 1/4 do salário mínimo, previsto no art. 20, § 3º da Lei n. 8.742/93, restou modificado para 1/2 salário mínimo pela evolução legislativa operada pelas Leis n. 9.533/97 e 10.689/03". (Súmula cancelada — *Vide* RCL n. 4.374 e REs ns. 567.985 e 580.963)

Renda *per capita* — Inclusão

Enunciado n. 76 das Turmas Recursais do Rio de Janeiro (2ª Região):

O conceito de renda para fins de verificação do direito ao benefício assistencial (LOAS) inclui verbas relativas ao bolsa família, salários e benefícios previdenciários percebidos por não idosos e outras receitas habituais.

Renda *per capita* — Exclusão de benefício previdenciário no valor mínimo

Súmula n. 46 da Turma Recursal do Espírito Santo (2ª Região):

A renda mensal de aposentadoria em valor equivalente a um salário mínimo concedida a pessoa com mais de 65 anos de idade não deve ser computada para efeito de apuração da renda familiar *per capita* a que se refere o art. 20, § 3º, da Lei Orgânica de Assistência Social — LOAS. Aplica-se, por analogia, o art. 34, parágrafo único, da Lei n. 10.741/2003. (*Vide* RCL n. 4.374 e REs ns. 567.985 e 580.963)

Súmula n. 20 das Turmas Recursais de Santa Catarina (4ª Região):

O benefício previdenciário de valor mínimo percebido por idoso é excluído da composição da renda familiar, apurada para o fim de concessão de benefício assistencial. (*Vide* RCL n. 4.374 e REs ns. 567.985 e 580.963)

Enunciado n. 25 das Turmas Recursais de Minas Gerais (1ª Região):

O disposto no art. 34, parágrafo único, do Estatuto do Idoso, em razão do qual não se deve computar, para fins de cálculo da renda familiar *per capita* a que se refere a LOAS, o benefício assistencial pago a maior de 65 (sessenta e cinco) anos, aplica-se igualmente ao benefício previdenciário igual ao salário mínimo, pago ao idoso. (*Vide* RCL n. 4.374 e REs ns. 567.985 e 580.963)

Enunciado n. 12 da Turma Recursal do Mato Grosso do Sul (3ª Região):

O valor de aposentadoria equivalente a um salário mínimo, concedida a idoso, a partir de 65 anos, também não é computado para fins do cálculo da renda familiar a que se refere o art. 20, § 3º da Lei n. 8.742/93. (*Vide* RCL n. 4.374 e REs ns. 567.985 e 580.963)

Renda *per capita* — Provas

Enunciado n. 56 das Turmas Recursais do Rio de Janeiro (2ª Região):

Nos processos cujo objeto seja a concessão do benefício assistencial previsto no art. 20 da Lei n. 8.742/93, é indispensável a realização de investigação socioeconômica da parte autora, ainda que realizada por mandado de verificação a ser cumprido por oficial de justiça.

12. Carência

Benefício por incapacidade como carência

Súmula n. 07 da TRU/4:

Computa-se para efeito de carência o período em que o segurado usufruiu benefício previdenciário por incapacidade.

Súmula n. 73 da TNU:

O tempo de gozo de auxílio-doença ou de aposentadoria por invalidez não decorrentes de acidente de trabalho só pode ser computado como tempo de contribuição ou para fins de carência quando intercalado entre períodos nos quais houve recolhimento de contribuições para a previdência social.

Aposentadoria por idade

Súmula n. 54 da TNU:

Para a concessão de aposentadoria por idade de trabalhador rural, o tempo de exercício de atividade equivalente à carência deve ser aferido no período imediatamente anterior ao requerimento administrativo ou à data do implemento da idade mínima.

Súmula n. 02 da TRU/4:

Para a concessão da aposentadoria por idade, não é necessário que os requisitos da idade e da carência sejam preenchidos simultaneamente.

Enunciado n. 06 da Turma Recursal do Mato Grosso do Sul (3ª Região):

A regra definidora do período de carência para fins de concessão do benefício de aposentadoria por idade do filiado ao Regime Geral Previdenciário antes de 24.7.1991 é a do art. 142 da Lei n. 8.213/91, ainda que tenha havido perda da qualidade de segurado.

Súmula n. 44 da TNU:

Para efeito de aposentadoria urbana por idade, a tabela progressiva de carência prevista no art. 142 da Lei n. 8.213/91 deve ser aplicada em função do ano em que o segurado completa a idade mínima para concessão do benefício, ainda que o período de carência só seja preenchido posteriormente.

Atividade rural antes da Lei n. 8.213/91

Súmula n. 15 das Turmas Recursais de Santa Catarina (4ª Região):

O tempo de serviço do segurado trabalhador rural anterior a novembro de 1991, ainda que ausente o recolhimento das contribuições previdenciárias, pode ser considerado para a concessão dos benefícios do Regime Geral de Previdência Social (RGPS), exceto para efeito de carência.

Súmula n. 24 da TNU:

O tempo de serviço do segurado trabalhador rural anterior ao advento da Lei n. 8.213/91, sem o recolhimento de contribuições previdenciárias, pode ser considerado para a concessão de benefício previdenciário do regime geral de previdência social (RGPS), exceto para efeito de carência, conforme a regra do art. 55, § 2º, da Lei n. 8.213/91.

Súmula n. 27 da AGU:

Para concessão de aposentadoria no RGPS, é permitido o cômputo do tempo de serviço rural exercido anteriormente à Lei n. 8.213, de 24 de julho de 1991, independente do recolhimento das contribuições sociais respectivas, exceto para efeito de carência.

Cômputo da carência anterior

Enunciado n. 15 da Turma Recursal do Mato Grosso do Sul (3ª Região):

O recolhimento de 1/3 do número de contribuições relativo à carência do benefício pretendido permite a contagem de todas as contribuições anteriores, mesmo correspondentes a períodos descontínuos.

13. Contagem Recíproca

Tempo especial

Súmula n. 66 da TNU:

O servidor público ex-celetista que trabalhava sob condições especiais antes de migrar para o regime estatutário tem direito adquirido à conversão do tempo de atividade especial em tempo comum com o devido acréscimo legal, para efeito de contagem recíproca no regime previdenciário próprio dos servidores públicos.

Enunciado n. 17 da Turma Recursal do Espírito Santo (2ª Região):

Para fins de contagem recíproca, o tempo de serviço laborado em atividade especial sob o RGPS não pode ser convertido em comum para efeito do regime estatutário. (Enunciado cancelado)

Tempo rural

Enunciado n. 22 das Turmas Recursais de São Paulo (3ª Região):

O reconhecimento de tempo de serviço rural anterior à Lei n. 8.213/1991, como segurado empregado ou especial, só pressupõe o recolhimento das respectivas contribuições, quando destinado à contagem recíproca junto a regime próprio de previdência social de servidor público.

Enunciado n. 16 da Turma Recursal do Mato Grosso do Sul (3ª Região):

O deferimento de pedido de aposentadoria no regime previdenciário público parcialmente baseado em período de trabalho rural depende do recolhimento das correspondentes contribuições.

Súmula n. 10 da TNU:

O tempo de serviço rural anterior à vigência da Lei n. 8.213/91 pode ser utilizado para fins de contagem recíproca, assim entendida aquela que soma tempo de atividade privada, rural ou urbana, ao de serviço público estatutário, desde que sejam recolhidas as respectivas contribuições previdenciárias.

14. Crimes Previdenciários

Súmula n. 65 do TRF/4:

A pena decorrente do crime de omissão no recolhimento de contribuições previdenciárias não constitui prisão por dívida.

Súmula n. 107 do STJ:

Compete a justiça comum estadual processar e julgar crime de estelionato praticado mediante falsificação das guias de recolhimento das contribuições previdenciárias, quando não ocorrente lesão a autarquia federal.

Súmula Vinculante n. 24 do STF:

Não se tipifica crime material contra a ordem tributária, previsto no art. 1º, incisos I a IV, da Lei n. 8.137/90, antes do lançamento definitivo do tributo.

15. Custeio

Contribuição previdenciária do servidor público

Enunciado n. 39 da Turma recursal do Espírito Santo (2ª Região):

Não incide contribuição previdenciária sobre o terço constitucional de férias ou quaisquer outras parcelas não incorporáveis ao salário de servidor público.

Súmula n. 04 da TRU/4:

A contribuição previdenciária dos servidores públicos estatutários não incide sobre o adicional de um terço de férias.

Súmula n. 06 da TRU/4:

É devida a restituição aos servidores dos valores relativos ao auxílio alimentação, indevidamente descontados nos períodos de gozo de férias e afastamentos regulamentares.

Súmula n. 10 das Turmas Recursais do Rio Grande do Sul (4ª Região):

Não incide contribuição previdenciária para o Plano de Seguridade dos Servidores Públicos — PSS sobre o terço constitucional de férias, o adicional pelo exercício de atividades insalubres, perigosas ou penosas, o adicional pela prestação de serviço extraordinário, o adicional noturno, a gratificação pelo exercício de função de direção, chefia e assessoramento e a gratificação por participação em curso/concurso.

Enunciado n. 19 das Turmas Recursais do DF (1ª Região):

A contribuição previdenciária não incide sobre as parcelas não incorporáveis pagas aos funcionários em atividade no exercício de funções comissionadas e gratificadas.

Enunciado n. 18 das Turmas Recursais do DF (1ª Região):

É inconstitucional o art. 1º, I da Lei n. 9.783/99, em sua redação original, quando determinava a incidência da contribuição previdenciária sobre as diárias pagas ao servidor e que excediam a 50% (cinquenta inteiros por cento) de sua remuneração mensal, por isso que violava o art. 40, *caput* da Constituição Federal.

Súmula n. 69 da AGU:

A partir da edição da Lei n. 9.783/99, não é devida pelo servidor público federal a contribuição previdenciária sobre parcela recebida a título de cargo em comissão ou função de confiança.

Súmula n. 04 da TRU/2:

A contribuição previdenciária dos servidores públicos estatutários não incide sobre o adicional de um terço de férias.

Súmula n. 4 TRU/3:

A contribuição previdenciária dos servidores públicos estatutários não incide sobre o adicional de um terço de férias.

Enunciado n. 04 da Primeira Turma Recursal de Rondônia (1ª Região):

É indevida a cobrança de contribuição previdenciária sobre a função comissionada dos servidores públicos, a partir da vigência da Lei n. 9.527/97.

Contribuinte individual

Súmula n. 466 STF:

Não é inconstitucional a inclusão de sócios e administradores de sociedades e titulares de firmas individuais como contribuintes obrigatórios da previdência social.

Enunciado n. 16 da Turma Recursal do Espírito Santo (2ª Região):

Segurado autônomo que não recolheu as contribuições na época própria deve ressarcir ao INSS mediante o pagamento da indenização a que se refere o art. 96, IV da Lei n. 8.213/91, cuja apuração é regida pelo art. 45, §§ 2º e 4º, da Lei n. 8.212/91, devendo o cálculo da indenização das contribuições em atraso, para efeito de aproveitamento de tempo de serviço, observar os critérios vigentes no momento em que o segurado manifesta interesse na regularização da situação.

Súmula n. 44 do TRF/4:

É inconstitucional a contribuição previdenciária sobre o *pro labore* dos administradores, autônomos e avulsos, prevista nas Leis ns. 7.787/89 e 8.212/91.

Enunciado n. 27 do CRPS:

Cabe ao contribuinte individual comprovar a interrupção ou o encerramento da atividade pela qual vinha contribuindo, sob pena de ser considerado em débito no período sem contribuição.

Enunciado n. 03 do CRPS:

Para efeito de incidência de contribuição previdenciária, a expressão "folhas de salário" tem sentido amplo, sendo entendida como o total da remuneração paga pela empresa aos segurados empregados autônomos, avulsos, diretores, administradores, sócios e titulares de firma individual. (Enunciado revogado)

Súmula n. 10 do TRF/5:

A contribuição previdenciária incide sobre a parte da folha de pagamentos da empresa aos seus administradores, sócios-gerentes e autônomos.

Súmula n. 34 do TRF/2:

A contribuição previdenciária sobre a remuneração paga aos administradores, autônomos e avulsos, tendo sido declarada inconstitucional, pode ser compensada com contribuições da mesma espécie, desnecessária a comprovação de inexistência de repercussão ou repasse, dada à sua natureza de tributo direto.

Ex-combatente

Súmula n. 02 da TRU/4:

A isenção de imposto de renda sobre as pensões de ex-combatentes, prevista no art. 6º, inc. XII, da Lei n. 7.713/1988, tem aplicação restrita às hipóteses dos ex-combatentes que efetivamente participaram do teatro de operações bélicas na itália (Decreto-lei n. 8.794/1946, Decreto-lei n. 8.795/1946 e Lei n. 2.579/1955) e para aqueles que, tendo participado ativamente de operações de guerra, se encontrem incapacitados (Lei n. 4.242/1963), não podendo ser estendida às pensões concedidas aos ex-combatentes com base na Lei n. 8.059/1990 ou outra que não especificamente prevista na norma instituidora da isenção tributária.

Extinta taxa de previdência social

Súmula n. 132 do STF:

Não é devida a taxa de previdência social na importação de amianto bruto ou em fibra.

Súmula n. 140 do STF:

Na importação de lubrificantes é devida a taxa de previdência social.

Súmula: 141 do STF:

Não incide a taxa de previdência social sobre combustíveis.

Súmula n. 142 do STF:

Não é devida a taxa de previdência social sobre mercadorias isentas do imposto de importação.

Súmula n. 302 STF:

Está isenta da taxa de previdência social a importação de petróleo bruto.

Fiscalização

Súmula n. 439 STF:

Estão sujeitos à fiscalização tributária ou previdenciária quaisquer livros comerciais, limitado o exame aos pontos objeto da investigação.

Lançamento

Súmula n. 07 da TRU/4:

A natureza do lançamento tributário, no caso de contribuição previdenciária devida pelo servidor público, é a de lançamento por homologação.

Súmula n. 10 da TRU/4:

A natureza do lançamento tributário, no caso de contribuição para o Fundo de Saúde da Marinha — FUSMA, é a de lançamento por homologação. (Súmula cancelada)

Súmula n. 09 das Turmas Recursais do Rio Grande do Sul (4ª Região):

As contribuições para o Plano de Seguridade dos Servidores Públicos são classificadas como tributos lançados por homologação.

Militares

Enunciado n. 42 das Turmas Recursais do Rio de Janeiro (2ª Região):

É indevida a contribuição dos militares e pensionistas para os fundos de saúde das Forças Armadas, desde o início da vigência da Lei n. 8.237/91 até fevereiro de 2001.

PIS e COFINS

Súmula n. 658 do STF:

São constitucionais os arts. 7º da Lei n. 7.787/1989 e 1º da Lei n. 7.894/1989 e da Lei n. 8.147/1990, que majoraram a alíquota do finsocial, quando devida a contribuição por empresas dedicadas exclusivamente à prestação de serviços.

Súmula n. 659 do STF:

É legítima a cobrança da Cofins, do PIS e do FINSOCIAL sobre as operações relativas a energia elétrica, serviços de telecomunicações, derivados de petróleo, combustíveis e minerais do país.

Súmula n. 28 do TRF/4:

São inconstitucionais as alterações introduzidas no Programa de Integração Social (PIS) pelos Decretos-leis ns. 2.445/88 e 2.449/88.

Súmula n. 423 do STJ:

A Contribuição para Financiamento da Seguridade Social — Cofins incide sobre as receitas provenientes das operações de locação de bens móveis.

Súmula n. 21 do TRF/4:

É constitucional a Contribuição Social criada pelo art. 1º da Lei n. Complementar n. 70, de 1991.

Súmula n. 06 do TRF/5:

Subsiste, até a vigência e eficácia da Lei n. Complementar n. 70/91, a cobrança do FINSOCIAL com base no Decreto-lei n. 1.940/82, sendo inconstitucionais as alterações introduzidas pela Lei n. 7.887/89, ressalvada a situação das empresas prestadoras de serviço.

Súmula n. 07 do TRF/5:

São inconstitucionais as alterações na contribuição para o Programa de Integração Social introduzidas pelos Decretos-leis ns. 2.445 e 2.449.

Súmula n. 468 do STJ:

A base de cálculo do PIS, até a edição da MP n. 1.212/1995, era o faturamento ocorrido no sexto mês anterior ao do fato gerador.

Súmula n. 22 do TRF/1:

São inconstitucionais, por impropriedade formal da via legislativa, os Decretos-leis ns. 2.445/88 e 2.449/88, que alteraram a contribuição para o Programa de Integração Social (PIS).

Súmula n. 28 do TRF/3:

O PIS é devido no regime da Lei n. Complementar n. 7/70 e legislação subsequente, até o termo inicial de vigência da MP n. 1.212/95, diante da suspensão dos Decretos-leis ns. 2.445/88 e 2.449/88 pela Resolução n. 49/95, do Senado Federal".

Enunciado n. 02 da Turma Recursal de Americana (3ª Região):

É quinquenal a prescrição para pleitear a correção do saldo de contas vinculadas de PIS-PASEP.

Retenção do imposto de renda

Súmula n. 13 da TRU/4:

O imposto de renda incidente sobre as prestações previdenciárias pagas com atraso, de forma acumulada, deve ser aferido pelo regime de competência.

Súmula n. 07 das Turmas Recursais do Rio Grande do Sul (4ª Região):

A incidência do imposto de renda sobre os valores recebidos acumuladamente deve ser feita considerando-se isoladamente os valores em relação às respectivas competências tributárias, mediante uso de alíquota e base de cálculo do tributo vigentes em cada competência em que seriam devidas.

Retenção das contribuições sociais pelo tomador de serviços

Súmula n. 425 do STJ:

A retenção da contribuição para a seguridade social pelo tomador do serviço não se aplica às empresas optantes pelo Simples.

Retenção das contribuições sociais em processo judicial

Enunciado n. 100 das Turmas Recursais do Rio de Janeiro (2ª Região):

É legal a retenção do Plano de Seguridade do Servidor sobre os valores pagos em cumprimento de decisão judicial, independentemente de condenação ou de prévia autorização no título executivo, visto que constitui obrigação *ex lege*.

Enunciado n. 69 das Turmas Recursais do Rio de Janeiro (2ª Região):

É constitucional a retenção da contribuição previdenciária no momento do pagamento do precatório ou da requisição de pequeno valor, conforme prevista no art. 16-A da Lei n. 10.887/2004, incluído pela Lei n. 11.941/2009, desde que a matéria tenha sido discutida no curso do processo, antes do trânsito em julgado, com observância do contraditório e com a definição dos parâmetros de incidência da contribuição.

Salário de contribuição — Gratificação natalina

Súmula n. 688 do STF:

É legítima a incidência da contribuição previdenciária sobre o 13º salário.

Súmula n. 60 da TNU:

O décimo terceiro salário não integra o salário de contribuição para fins de cálculo do salário de benefício, independentemente da data da concessão do benefício previdenciário.

Súmula n. 17 das Turmas Recursais de Santa Catarina (4ª Região):

É legítimo o cálculo em separado da contribuição previdenciária incidente sobre o décimo terceiro salário, na forma estabelecida no § 2º do art. 7º da Lei n. 8.620/93, que está em pleno vigor.

Súmula n. 06 da Turma Recursal do Rio Grande do Norte (5ª Região):

Não há direito a restituição de contribuição social incidente sobre gratificação natalina cobrada nos termos das Leis ns. 8.212/91, 8.620/93 e 8.870/94.

Enunciado n. 41 das Turmas Recursais do Rio de Janeiro (2ª Região):

A contribuição previdenciária incide sobre a gratificação natalina dos segurados do Regime Geral de Previdência Social — RGPS, em separado da remuneração do mês de dezembro".

Enunciado n. 27 da Turma Recursal do Espírito Santo (2ª Região):

Os valores recebidos a título de décimo terceiro salário (gratificação natalina) são de caráter remuneratório, constituem acréscimo patrimonial e, portanto, ensejam a incidência do imposto de renda e da contribuição previdenciária.

Súmula n. 09 das Turmas Recursais da Bahia (1ª Região):

A partir do início da vigência da Lei n. 8.620/93, é válido o cálculo em separado da contribuição previdenciária incidente sobre o décimo terceiro salário (gratificação natalina).

Súmula n. 10 Turma Recursal de Sergipe (5ª região):

A contribuição previdenciária sobre 13º salário, incidirá por meio de aplicação em separado das alíquotas estabelecidas nos arts. 20 e 22 da Lei n. 8.212, de 24 de julho de 1.991, observando-se o art. 28 do mesmo diploma.

Enunciado n. 17 das Turmas Recursais de Minas Gerais (1ª Região):

Após a edição da Lei n. 8.630/93, tornou-se legítima a incidência em separado de contribuição previdenciária sobre o décimo terceiro salário.

Enunciado n. 33 das Turmas Recursais de São Paulo (3ª Região):

Incide contribuição previdenciária sobre o 13º salário nos termos do § 2º do art. 7º da Lei n. 8.620/93.

Enunciado n. 03 da Turma Recursal de Americana (3ª Região):

É devida contribuição social sobre a gratificação natalina.

Salário de contribuição — Auxílio-alimentação

Súmula n. 67 da TNU:

O auxílio-alimentação recebido em pecúnia por segurado filiado ao Regime Geral da Previdência Social integra o salário de contribuição e sujeita-se à incidência de contribuição previdenciária.

Salário de contribuição — Vale transporte

Súmula n. 60 da AGU:

Não há incidência de contribuição previdenciária sobre o vale transporte pago em pecúnia, considerando o caráter indenizatório da verba.

Salário de contribuição — Comissão

Súmula n. 458 do STJ:

A contribuição previdenciária incide sobre a comissão paga ao corretor de seguros.

Salário de contribuição — Auxílio-creche

Súmula n. 310 STJ:

O auxílio-creche não integra o salário de contribuição.

Salário de contribuição — Abono

Súmula n. 241 do STF:

A contribuição previdenciária incide sobre o abono incorporado ao salário.

SAT/FAP

Súmula n. 351 do STJ:

A alíquota de contribuição para o Seguro de Acidente do Trabalho (SAT) é aferida pelo grau de risco desenvolvido em cada empresa, individualizada pelo seu CNPJ, ou pelo grau de risco da atividade preponderante quando houver apenas um registro.

Teto

Súmula n. 50 do TRF/4:

Não há direito adquirido à contribuição previdenciária sobre o teto máximo de 20 salários mínimos após a entrada em vigor da Lei n. 7.787/89.

16. Dependentes

Dependência econômica

Súmula n. 08 da TRU/4:

A falta de prova material, por si só, não é óbice ao reconhecimento da dependência econômica, quando por outros elementos o juiz possa aferi-la.

Enunciado n. 13 do CRPS:

A dependência econômica pode ser parcial, devendo, no entanto, representar um auxílio substancial, permanente e necessário, cuja falta acarretaria desequilíbrio dos meios de subsistência do dependente.

Dependente designado

Súmula n. 04 da TNU:

Não há direito adquirido à condição de dependente de pessoa designada, quando o falecimento do segurado deu-se após o advento da Lei n. 9.032/95.

Enunciado n. 14 do CRPS:

Não sendo inválido o filho e o dependente designado, mesmo solteiros, perdem aos 21 anos de idade o direito à cota da pensão previdenciária. (Enunciado revogado)

Enunciado n. 12 do CRPS:

A exigência de inscrição formal do dependente econômico pode ser suprida pelo propósito do segurado, manifestando através de documentos hábeis, de deixá-lo amparado. (Enunciado revogado)

Enunciado n. 11 do CRPS:

A designação, limitada a uma única pessoa, é ato formal de manifestação de vontade, cuja falta não pode ser suprida por simples prova testemunhal ou circunstancial, mesmo que produzida em juízo. (Enunciado revogado)

Enunciado n. 15 do CRPS

A existência de beneficiária preferencial não impede que o segurado inscreva, para fins meramente declaratórios, pessoa que viva sob sua dependência econômica. (Enunciado revogado)

Divorciada que renuncia alimentos

Súmula n. 336 do STJ:

A mulher que renunciou aos alimentos na separação judicial tem direito à pensão previdenciária por morte do ex-marido, comprovada a necessidade econômica superveniente.

Filho maior de 21 anos e não inválido

Súmula n. 37 da TNU:

A pensão por morte, devida ao filho até os 21 anos de idade, não se prorroga pela pendência do curso universitário.

Enunciado n. 30 da Turma Recursal do Espírito Santo (2ª Região):

O fato do dependente do segurado falecido ser estudante universitário, não autoriza a prorrogação da pensão por morte até os 24 anos de idade, levando-se em conta que, após esta data, há a possibilidade de prosseguimento dos estudos concomitantemente ao desenvolvimento de atividades laborativas. Ademais, não se aplica na hipótese a regra prevista no art. 35, § 1º da Lei n. 9.250/95, tendo em vista que a norma se refere especificamente ao Imposto de Renda.

Súmula n. 74 do TRF/4:

Extingue-se o direito à pensão previdenciária por morte do dependente que atinge 21 anos, ainda que estudante de curso superior.

Inscrição *post mortem*

Súmula n. 52 da TNU:

Para fins de concessão de pensão por morte, é incabível a regularização do recolhimento de contribuições de segurado contribuinte individual posteriormente a seu óbito, exceto quando as contribuições devam ser arrecadadas por empresa tomadora de serviços.

Marido ou companheiro antes da Lei n. 8.213/91

Súmula n. 11 da TRU/4:

O marido ou companheiro de segurada falecida, não inválido, não faz jus à pensão por morte, caso o óbito tenha ocorrido antes de 5.4.1991, data do início dos efeitos da Lei n. 8.213/91.

Súmula n. 15 das Turmas Recursais do Rio Grande do Sul (4ª Região):

Incabível a concessão do benefício de pensão por morte da esposa, cujo óbito tenha ocorrido após a promulgação da Constituição Federal, mas antes de 5.4.1991, conforme o disposto no art. 145 da Lei n. 8.213/91, porquanto esse benefício previdenciário é regido pela lei vigente à data do óbito.

Enunciado n. 26 do CRPS:

A concessão da pensão por morte ao cônjuge ou companheiro do sexo masculino, no período compreendido entre a promulgação da Constituição Federal de 1988 e o advento da Lei n. 8.213 de 1991, rege-se pelas normas do Dec. 83.080, de 24.1.1979, seguido pela Consolidação das Leis da Previdência Social (CLPS) expedida pelo Decreto n. 89.312, de 23.1.1984, que continuaram a viger até o advento da Lei n. 8.213/91, aplicando-se tanto ao trabalhador do regime previdenciário rural quanto ao segurado do regime urbano.

Pais

Enunciado n. 14 das Turmas Recursais de São Paulo (3ª Região):

Em caso de morte de filho segurado, os pais têm direito à pensão por morte, se provada a dependência econômica mesmo não exclusiva.

União estável

Súmula n. 63 da TNU:

A comprovação de união estável para efeito de concessão de pensão por morte prescinde de início de prova material.

17. Desaposentação

Enunciado n. 70 das Turmas Recursais do Rio de Janeiro (2ª Região):

É inviável a desaposentação no Regime Geral da Previdência Social para fins de aproveitamento do tempo de contribuição anterior para uma nova aposentadoria neste mesmo regime.

Súmula n. 03 das Turmas Recursais do Rio Grande do Sul (4ª Região):

O tempo de serviço prestado após a aposentação somente poderá ser contado para concessão de nova aposentadoria se houver renúncia ao benefício ou desaposentação, com restituição de todos valores já recebidos.

18. Devolução de Valores

Súmula n. 51 da TNU:

Os valores recebidos por força de antecipação dos efeitos de tutela, posteriormente revogada em demanda previdenciária, são irrepetíveis em razão da natureza alimentar e da boa-fé no seu recebimento.

Enunciado n. 52 da Turma Recursal do Espírito Santo (2ª Região):

É inexigível a restituição de benefício previdenciário ou assistencial recebido em razão de tutela antecipada posteriormente revogada.

Enunciado n. 38 do CRPS:

A revisão dos parâmetros médicos efetuada em sede de benefício por incapacidade não rende ensejo à devolução dos valores recebidos, se presente a boa-fé objetiva.

Súmula n. 72 da AGU:

Não estão sujeitos à repetição os valores recebidos de boa-fé pelo servidor público, em decorrência de errônea ou inadequada interpretação da Lei n. ????? por parte da Administração Pública.

19. Ex-combatente

Súmula n. 55 do TRF/2:

A pensão de ex-combatente, por morte ocorrida na vigência das Leis ns. 3.765/60 e 4.242/63, será devida às filhas, ainda que maiores e não inválidas, inclusive por reversão, em valor correspondente ao soldo de 2º sargento, vedada a percepção cumulativa com qualquer outra importância dos cofres públicos.

Súmula n. 54 do TRF/2:

A pensão de ex-combatente, por morte ocorrida na vigência das Leis ns. 3.765/60 e 4.242/63, será devida às filhas, ainda que maiores e não inválidas, inclusive por reversão, em valor correspondente ao soldo de 2º sargento. (Texto alterado pela Súmula n. 55 do TRF/2)".

Súmula n. 02 da TRU/4:

A isenção de imposto de renda sobre as pensões de ex-combatentes, prevista no art. 6°, inciso XII, da Lei n. 7.713/1988, tem aplicação restrita às hipóteses dos ex-combatentes que efetivamente participaram do teatro de operações bélicas na itália (Decreto-lei n. 8.794/1946, Decreto-lei n. 8.795/1946 e Lei n. 2.579/1955) e para aqueles que, tendo participado ativamente de operações de guerra, se encontrem incapacitados (Lei n. 4.242/1963), não podendo ser estendida às pensões concedidas aos ex-combatentes com base na Lei n. 8.059/1990 ou outra que não especificamente prevista na norma instituidora da isenção tributária.

Súmula n. 07 da AGU:

A aposentadoria de servidor público tem natureza de benefício previdenciário e pode ser recebida cumulativamente com a pensão especial prevista no art. 53, inciso ii, do ato das disposições constitucionais transitórias, devida a ex-combatente (no caso de militar, desde que haja sido licenciado do serviço ativo e com isso retornado à vida civil definitivamente — art.1º da Lei n. 5.315, de 12.9.1967)".

Súmula n. 8 da AGU:

O direito à pensão de ex-combatente é regido pelas normas legais em vigor à data do evento morte. tratando-se de reversão do benefício à filha mulher, em razão do falecimento da própria mãe que a vinha recebendo, consideram-se não os preceitos em vigor quando do óbito desta última, mas do primeiro, ou seja, do ex-combatente.

20. Fraude

Súmula n. 46 TRF/2:
A suspeita de fraude na concessão do benefício previdenciário não autoriza, de imediato, a sua suspensão ou cancelamento, sendo indispensável a apuração dos fatos mediante processo administrativo regular, assegurados o contraditório e a ampla defesa.

21. Gratificação de Desempenho — Inativos e Pensionistas

Súmula Vinculante n. 20 do STF:

A Gratificação de Desempenho de Atividade Técnico-Administrativa — GDATA, instituída pela Lei n. 10.404/2002, deve ser deferida aos inativos nos valores correspondentes a 37,5 (trinta e sete vírgula cinco) pontos no período de fevereiro a maio de 2002 e, nos termos do art. 5º, parágrafo único, da Lei n. 10.404/2002, no período de junho de 2002 até a conclusão dos efeitos do último ciclo de avaliação a que se refere o art. 1º da Medida Provisória n. 198/2004, a partir da qual passa a ser de 60 (sessenta) pontos.

Enunciado n. 68 das Turmas Recursais do Rio de Janeiro (2ª Região):

As gratificações de desempenho, tais como, a Gratificação de Desempenho de Atividade Técnico-Administrativa — GDATA (Lei n. 10.971/2004 - art. 1º), de Atividade Previdenciária - GDAP (Lei n. 10.355/2001 — art. 9º), de Atividade do Seguro Social — GDASS (Lei n. 10.855/2004, art. 11, § 11), de Atividade da Seguridade Social e do Trabalho - GDASST (Lei n. 10.483/2002, art. 13), de Carreira da Previdência, da Saúde e do Trabalho — GDPST (Lei n. 11.355/2006, art. 5º-B, § 5º), pela Qualidade do Desempenho no Inmetro — GQDI (Lei n. 11.355/2006, art. 61-C, § 2º), de Atividade Técnico Operacional em Tecnologia Militar — GDATEM (Lei n. 11.355/2006, art. 122), de Atividade Técnico Administrativa e de Suporte — GDPGTAS (Lei n. 11.357/2006, art. 7º, § 7º), de Efetivo Desempenho em Regulação — GEDR (Lei n. 11.357/2006, art. 36-A, § 2º), de Atividade de Ciência, Tecnologia, Produção e Inovação em Saúde Pública — GDACTSP (Lei n. 11.355/2006, art. 37-A, § 2º), de Atividade em Pesquisa, Produção e Análise, Gesta e Infra-Estrutura de Informações Geográficas e Estatísticas — GDIBGE (11.355/2006, art. 81-C, § 2º), de Atividade na Área de Propriedade Industrial — GDAPI (Lei n. 11.355/2006, art. 100-E, § 2º), de Atividades de Financiamento e Execução de Programas e Projetos Educacionais — GDAFE (Lei n. 11.357/2006, art. 48-G), de Atividade do Plano Especial de Cargos do FNDE — GDPFNDE (Lei n. 11.357/2006, art. 48-G), de Atividades Especializadas e Técnicas de Informações e Avaliações Educacionais — GDIAE (Lei n. 11.357/2006 que o art. 62-B, § 2º), de Atividades de Estudos, Pesquisas e Avaliações Educacionais — GDINEP (11.357/2006 que o art. 62-B, § 2º), de Atividade de Ciência e Tecnologia — GDACT (Lei n. 11.907/2009, art. 52), do Plano Geral de Cargos do Poder Executivo — GDPGPE (Lei n. 11.357/2006, art. 7º-A, § 7º), de Atividade Técnico-Executiva e de Suporte do Meio Ambiente — GTEMA (Lei n. 11.357/2006, art. 17-F), dos Planos Especiais de Cargos das Agências Reguladoras — GDPCAR (Lei n. 11.357/2006, art. 31-I, § 2º), de Atividades de Chancelaria — GDACHAN (Lei n. 11.907/2009, art. 11, § 2º), de Atividade de Controle e Segurança de Tráfego Aéreo — GDASA (Lei n. 11.907/2009, art. 27), de Atividade de Perícia Médica Previdenciária — GDAPMP (Lei n. 11.907/2009, art. 45), de Atividade de Infra-Estrutura de Transportes — GDAIT (Lei n. 11.907/2009, art. 64), de Atividades Administrativas do Dnit GDADNIT (Lei n. 11.907/2009, art. 64), de Atividade de Transportes e Atividades Administrativas do Plano Especial de Cargos do Dnit — GDAPEC (Lei n. 11.907/2009, art. 64), da Suframa — GDSUFRAMA (Lei n. 11.907/2009, art. 73), da Embratur — GDATUR (11.907/2009, art. 77), de Atividade de Especialista Ambiental — GDAEM (Lei n. 11.907/2009, art. 92), de Atividade Técnico-Administrativa do Meio Ambiente — GDAMB (Lei n. 11.156/2005, art. 14), de Atividade do Tribunal Marítimo — GDATM (Lei n. 11.907/2009, art. 107), de Atividade Indigenista — GDAIM (Lei n. 11.907/2009, art. 113), de Atividade de Assistência Especializada e Técnico-Administrativa do Departamento Penitenciário Nacional do Ministério da Justiça — GDAPEN (Lei n. 11.907/2009, art. 129), de Atividade de Agente Penitenciário Federal — GDAPEF (Lei n. 11.907/2009, art. 129), de Atividades Administrativas do DNPM — GDADNPM, de Atividades de Recursos Minerais — GDARM (Lei n. 11.907/2009, art. 164), de Atividades de Produção Mineral — GDAPM (Lei n. 11.907/2009, art. 164), de Atividades Administrativas do DNPM — GDADNPM (Lei n. 11.907/2009, art. 164), de Pesquisa e Investigação Biomédica em Saúde Pública — GDAPIB (Lei n. 11.907/2009, art. 197, § 2º), de Atividade de Apoio Técnico-Administrativo na AGU — GDAA (Lei n. 11.907/2009, art. 214), de Atividade dos Fiscais Federais Agropecuários — GDFFA (Lei n. 11.907/2009, art. 218), de Atividade Técnica de Fiscalização Agropecuária — GDAFTA (Lei n. 11.907/2009, art. 221), de Atividade de Perito Federal Agrário — GDAPA (Lei n. 11.907/2009, art. 224), de Atividade de Reforma Agrária — GDARA (Lei n. 11.907/2009, art. 226), de Atividade Fazendária — GDAFAZ (Lei n. 11.907/2009, art. 242), de Atividade Técnico-Administrativa em Regulação — GDAR (Lei n. 11.907/2009, art. 271) e de Atividade de Recursos Hídricos — GDRH (Lei n. 11.907/2009, art. 275), bem assim novas gratificações de desempenho com idêntica natureza, estrutura e finalidade, embora detenham natureza *pro labore faciendo*, se transmudam em gratificações de natureza genérica, extensíveis aos servidores inativos em igualdade de condições com os ativos pela falta de regulamentação e de efetiva aplicação das necessárias avaliações de desempenho.

Enunciado n. 96 das Turmas Recursais do Rio de Janeiro (2ª Região):

Não basta a mera edição de ato normativo, para caracterizar a efetiva realização da avaliação dos servidores ativos, que seria apta a fazer cessar o pagamento de gratificação de desempenho a servidor inativo ou a pensionista, sendo necessário provar, cabalmente, a existência das providências materiais preconizadas pelo dito ato normativo, a existência de servidores ativos com pontuações diversas, em função dessas avaliações, além da regularidade das mesmas.

Súmula n. 24 das Turmas Recursais do Rio Grande do Sul (4ª Região):

A Gratificação de Desempenho de Atividades do Seguro Social — GDASS é devida aos servidores aposentados antes da instituição dessa vantagem no patamar de 60% do valor máximo, no período de maio/2004 a fevereiro/2007, e no montante de 80 pontos, a contar de março de 2007 até 29.2.2008 ou até que sejam regulamentados e aplicados os critérios e procedimentos de aferição das avaliações e desempenho individual dos servidores da ativa (§ 11 do art. 11 da Lei n. 10.855/2004, incluído pela Lei n. 11.501/2007). Exclui-se essa garantia de patamar mínimo se for comprovada nos autos efetiva avaliação de desempenho dos servidores em atividade ocupantes do mesmo cargo do aposentado.

Súmula n. 23 das Turmas Recursais do Rio Grande do Sul (4ª Região):

A Gratificação de Desempenho de Atividade Previdenciária — GDAP é devida aos servidores aposentados antes da instituição dessa vantagem no patamar de 60 pontos, para o período compreendido entre fevereiro de 2002 a abril de 2004, ou entre a data da opção pela carreira e abril de 2004 (arts. 4º e 9º da Lei n. 10.355/2001). Exclui-se essa garantia de patamar mínimo se for comprovada nos autos efetiva avaliação de desempenho dos servidores em atividade ocupantes do mesmo cargo do aposentado.

Súmula n. 22 das Turmas Recursais do Rio Grande do Sul (4ª Região):

A Gratificação de Desempenho de Atividade Técnico-Administrativa e de Suporte — GDPGTAS é devida aos servidores aposentados antes da instituição dessa vantagem pela Medida Provisória 304/2006 (convertida na Lei n. 11.357/2006) em valores correspondentes a 80% de seu valor máximo, observada a classe e o padrão do servidor, nos termos estabelecidos no Anexo V da Lei n. 11.357/2006, até sua extinção. Exclui-se essa garantia de patamar mínimo se for comprovada nos autos efetiva avaliação de desempenho dos servidores em atividade ocupantes do mesmo cargo do aposentado.

Súmula n. 21 das Turmas Recursais do Rio Grande do Sul (4ª Região):

A Gratificação de Desempenho de Atividade da Seguridade Social e do Trabalho — GDASST é devida aos servidores aposentados antes da instituição dessa vantagem pela Lei n. 10.483/2002 nos seguintes patamares mínimos: a) 40 pontos até o mês de abril de 2004; b) 60 pontos a partir de maio de 2004 até sua extinção. Exclui-se essa garantia de patamar mínimo se for comprovada nos autos efetiva avaliação de desempenho dos servidores em atividade ocupantes do mesmo cargo do aposentado.

Súmula n. 20 das Turmas Recursais do Rio Grande do Sul (4ª Região):

A Gratificação de Desempenho de Atividade Técnico-Administrativa — GDATA é devida aos servidores aposentados antes da instituição dessa vantagem pela Lei n. 10.404/2002 nos seguintes patamares mínimos: a) 37,5 pontos nos meses de fevereiro de 2002 a abril de 2004; b) 60 pontos a partir de maio de 2004 até sua extinção. Exclui-se essa garantia de patamar mínimo se for comprovada nos autos efetiva avaliação de desempenho dos servidores em atividade ocupantes do mesmo cargo do aposentado.

Súmula n. 43 da AGU:

Os servidores públicos inativos e pensionistas, com benefícios anteriores à edição da Lei n. 10.404/2002, têm direito ao pagamento da Gratificação de Desempenho de Atividade Técnico-Administrativa — GDATA nos valores correspondentes a:

i) 37,5 (trinta e sete vírgula cinco) pontos no período de fevereiro a maio de 2002 (art. 6º da Lei n. 10.404/2002 e Decreto n. 4.247/2002);

(ii) 10 (dez) pontos, no período de junho de 2002 até a conclusão dos efeitos do último ciclo de avaliação a que se refere o art. 1º da Medida Provisória n. 198/2004 (art. 5º, parágrafo único, da Lei n. 10.404/2002, art. 1º da Lei n. 10.971/2004 e 7º da Emenda Constitucional n. 41/2003); e

(iii) 60 (sessenta) pontos, a partir do último ciclo de avaliação de que trata o art. 1º da Medida Provisória n. 198/2004 até a edição da Lei n. 11.357, de 16 de outubro de 2006.

Enunciado n. 16 das Turmas Recursais do DF (1ª Região):

A Gratificação de Atividade Técnico-Administrativa (GDATA) deve ser estendida aos servidores inativos nos valores correspondentes a 37,5 pontos no período de fevereiro a maio de 2002 (art. 6º da Lei n. 10.404/02); 30 pontos no período de junho de 2002 até a edição da Medida Provisória n. 198/2004, convertida na Lei n. 10.971/02 (art. 1º); e 60 pontos a partir da vigência da referida Medida, salvo se houver ciclo de avaliação pendente de conclusão — hipótese em que o final do ciclo será o marco inicial da incidência dos 60 pontos.

22. Incapacidade

DII (Data de início de incapacidade)

Enunciado n. 79 das Turmas Recursais do Rio de Janeiro (2ª Região):

Não merece reforma a sentença que fixa a data de início do benefício na data da perícia médica judicial quando esta não puder definir o início da incapacidade.

Enunciado n. 08 do CRPS:

Fixada a data do início da incapacidade antes da perda da qualidade de segurado, a falta de contribuição posterior não prejudica o seu direito as prestações previdenciárias.

Idade avançada e baixo grau de instrução

Enunciado n. 08 da Turma recursal do Mato Grosso do Sul (3ª Região):

É incapaz, para fins de concessão do benefício de aposentadoria por invalidez, o segurado que não possa mais desempenhar suas atividades habituais nem possa se readaptar a outra profissão em decorrência de idade avançada ou baixo grau de instrução.

Enunciado n. 17 da Turma recursal do Mato Grosso do Sul (3ª Região):

É incapaz, para fins de concessão de benefício assistencial, a pessoa que não possa mais desempenhar suas atividades habituais nem possa se readaptar a outra profissão em decorrência de idade avançada ou baixo grau de instrução.

Súmula n. 77 da TNU:

O julgador não é obrigado a analisar as condições pessoais e sociais quando não reconhecer a incapacidade do requerente para a sua atividade habitual.

Súmula n. 47 da TNU:

Uma vez reconhecida a incapacidade parcial para o trabalho, o juiz deve analisar as condições pessoais e sociais do segurado para a concessão de aposentadoria por invalidez.

Incapacidade parcial

Súmula n. 25 da AGU:

Será concedido auxílio-doença ao segurado considerado temporariamente incapaz para o trabalho ou sua atividade habitual, de forma total ou parcial, atendidos os demais requisitos legais, entendendo-se por incapacidade parcial aquela que permita sua reabilitação para outras atividades laborais.

Intervenção cirúrgica

Súmula n. 51 da Turma Recursal do Espírito Santo (2ª Região):

A intervenção cirúrgica não pode ser condição obrigatória para a recuperação da capacidade laborativa.

HIV

Súmula n. 78 da TNU:

Comprovado que o requerente de benefício é portador do vírus HIV, cabe ao julgador verificar as condições pessoais, sociais, econômicas e culturais, de forma a analisar a incapacidade em sentido amplo, em face da elevada estigmatização social da doença.

Laudo pericial

Enunciado n. 84 das Turmas Recursais do Rio de Janeiro (2ª Região):

O momento processual da aferição da incapacidade para fins de benefícios previdenciários ou assistenciais é o da confecção do laudo pericial, constituindo violação ao princípio do contraditório e da ampla defesa a juntada, após esse momento, de novos documentos ou a formulação de novas alegações que digam respeito à afirmada incapacidade, seja em razão da mesma afecção ou de outra.

Enunciado n. 84 do FONAJEF:

Não é causa de nulidade nos juizados especiais federais a mera falta de intimação das partes da entrega do laudo pericial.

Enunciado n. 72 das Turmas Recursais do Rio de Janeiro (2ª Região):

Não merece reforma a sentença que acolhe os fundamentos técnicos do laudo pericial para conceder ou negar benefício previdenciário ou assistencial quando o recurso não trouxer razões que possam afastar a higidez do laudo.

Súmula n. 08 da Turma Recursal do Espírito Santo (2ª Região):

O laudo médico particular é prova unilateral, enquanto o laudo médico pericial produzido pelo juízo é, em princípio, imparcial. O laudo pericial, sendo conclusivo a respeito da plena capacidade laborativa, há de prevalecer sobre o particular.

Súmula n. 09 da Turma Recursal do Espírito Santo (2ª Região):

A não nomeação de defensor público ou advogado dativo para formular quesitos para a perícia não acarreta cerceamento de defesa, eis que, no âmbito dos Juizados Especiais Federais, a parte pode exercer o *jus postulandi* (art. 10 da Lei n. 10.259/01). Ademais, sendo os quesitos do juízo suficientes para aferir a existência ou não de capacidade laborativa, afastada está o cerceamento.

Médico especialista

Enunciado n. 105 do FONAJEF:

Não se exige médico especialista para a realização de perícias judiciais, salvo casos excepcionais, a critério do juiz.

Súmula n. 27 das Turmas Recursais de Santa Catarina (4ª Região):

Nos pedidos de concessão ou restabelecimento de benefício por incapacidade, a nomeação de médico não especialista na área da patologia da qual a parte-autora alega ser portadora, por si só, não implica nulidade.

Qualidade de segurado

Enunciado n. 23 das Turmas Recursais de São Paulo (3ª Região):

A qualidade de segurado, para fins de concessão de auxílio-doença e aposentadoria por invalidez, deve ser verificada quando do início da incapacidade.

Súmula n. 26 da AGU:

Para a concessão de benefício por incapacidade, não será considerada a perda da qualidade de segurado decorrente da própria moléstia incapacitante.

Enunciado n. 13 da Turma Recursal do Mato Grosso do Sul (3ª Região):

Quem perde a condição de segurado quando ainda é capaz para o trabalho não faz jus aos benefícios de auxílio-doença ou aposentadoria por invalidez, mesmo se já estava acometido da doença progressiva que posteriormente resultou na incapacidade.

Retorno ao trabalho e presunção de capacidade

Enunciado n. 97 das Turmas Recursais do Rio de Janeiro (2ª Região):

A mera anotação no CNIS de existência ou permanência de vínculo laboral não gera presunção de capacidade do segurado.

Enunciado n. 104 do FONAJEF:

Tratando-se de benefício por incapacidade, o recolhimento de contribuição previdenciária não é capaz, por si só, de ensejar presunção absoluta da capacidade laboral, admitindo-se prova em contrário.

23. Juros e Correção Monetária

Juros e correção monetária nas condenações

Súmula n. 61 da TNU:

As alterações promovidas pela Lei n. 11.960/2009 têm aplicação imediata na regulação dos juros de mora em condenações contra a Fazenda Pública, inclusive em matéria previdenciária, independentemente da data do ajuizamento da ação ou do trânsito em julgado. (Súmula cancelada)

Enunciado n. 30 das Turmas Recursais de Minas Gerais (1ª Região):

Nas ações relativas a benefícios previdenciários, os juros de mora são devidos à razão de 1% (um por cento) ao mês, a partir da citação, devendo ser afastada a utilização da Taxa SELIC.

Súmula n. 41 TRF/1:

Os índices integrais de correção monetária, incluídos os expurgos inflacionários, a serem aplicados na execução de sentença condenatória de pagamento de benefícios previdenciários, vencimentos, salários, proventos, soldos e pensões, ainda que nela não haja previsão expressa, são de 42,72% em janeiro de 1989, 10,14% em fevereiro de 1989, 84,32% em março de 1990, 44,80% em abril de 1990, 7,87% em maio de 1990 e 21,87% em fevereiro de 1991.

Súmula n. 37 TRF/1:

Os débitos judiciais devem ser atualizados, no período em que vigorou o congelamento, pela variação da OTN, de acordo com o IPC mensal.

Súmula n. 13 TRF/1:

A atualização monetária de diferenças resultantes de revisão dos cálculos iniciais e dos reajustes posteriores dos valores de benefícios previdenciários é devida a partir do primeiro pagamento a menor, sendo sua contagem feita de acordo com a Súmula n. 71, do Tribunal Federal de Recursos, até o ajuizamento da ação e, após este, consoante o disposto na Lei n. 6.899/81. (Súmula cancelada)

Súmula n. 56 do TRF/2:

É inconstitucional a expressão "haverá a incidência uma única vez", constante do art. 1º-F da Lei n. 9.494/97, com a redação dada pelo art. 5º da Lei n. 11.960/2009. (*Vide* ADIns ns. 4.425/DF e 4.357/DF)

Enunciado n. 54 da Turma Recursal do Espírito Santo (2ª Região):

A Lei n. 11.960/2009 tem aplicação imediata na parte em que modificou o art. 1º-F da Lei n. 9.494/97, de forma que, a partir de 30.6.2009, aplicam-se os índices oficiais da caderneta de poupança para efeito de correção monetária e de juros de mora nas condenações impostas à Fazenda Pública". (*Vide* ADIns ns. 4.425/DF e 4.357/DF)

Súmula n. 75 do TRF/4:

Os juros moratórios, nas ações previdenciárias, devem ser fixados em 12% ao ano, a contar da citação.

Súmula n. 03 do TRF/4:

Os juros de mora, impostos a partir da citação, incidem também sobre a soma das prestações previdenciárias vencidas.

Enunciado n. 101 das Turmas Recursais do Rio de Janeiro (2ª Região):

Os juros de mora em face da Fazenda Pública obedecem aos parâmetros fixados no art. 1º-F da Lei n. 9.494/97, na redação da Lei n. 11.960/2009, a partir de 30.6.2009, independentemente da data do ajuizamento da ação. (*Vide* ADIns ns. 4.425/DF e 4.357/DF)

Súmula n. 02 das Turmas Recursais de Santa Catarina (4ª Região):

Nas causas de natureza previdenciária incidem, sobre as prestações em atraso, juros moratórios de 1% (um por cento) ao mês, a partir da citação.

Súmula n. 204 do STJ:

Os juros de mora nas ações relativas a benefícios previdenciários incidem a partir da citação valida.

Súmula n. 148 do STJ:

Os débitos relativos a benefício previdenciário, vencidos e cobrados em juízo após a vigência da Lei n. 6.899/81, devem ser corrigidos monetariamente na forma prevista nesse diploma legal.

Reajustamento dos benefícios (Vide Item 31: Revisões de Benefícios)

Súmula n. 45 da TNU:

Incide correção monetária sobre o salário-maternidade desde a época do parto, independentemente da data do requerimento administrativo.

Súmula n. 09 da Turma Recursal do Rio Grande do Norte:

O salário-maternidade devido à segurada especial toma por base o salário mínimo da época do nascimento do filho, atualizado monetariamente até o momento do efetivo pagamento, sendo irrelevante para esse fim a demora da parte autora em formular o requerimento administrativo.

Súmula n. 07 das Turmas Recursais da Bahia (1ª Região):

O INPC-IBGE não pode ser utilizado para o reajuste dos benefícios previdenciários de prestação continuada, no período de 1º.1.1993 a 1º.6.2001 (Lei n. 8.542, de 23.12.1992, art. 9º, §2º e Medida Provisória n. 2.187-11, de 28.6.2001, art. 4º).

Súmula n. 7 do TRF/1:

Extinto o Bônus do Tesouro Nacional, a correção monetária de benefícios previdenciários oriundos de condenação judicial passou a ser feita pelo Índice Nacional de Preços ao Consumidor.

Súmula n. 36 do TRF/1:

O inciso II do art.41, da Lei n. 8.213/91, revogado pela Lei n. 8.542/92, era compatível com as normas constitucionais que asseguram o reajuste dos benefícios para preservação de seu valor real deve obedecer às prescrições legais, afastadas as normas administrativas que disponham de maneira diversa.

Súmula n. 19 do TRF/1:

O pagamento de benefícios previdenciários, vencimentos, salários, proventos, soldos e pensões, feito, administrativamente, com atraso, está sujeito a correção monetária desde o momento em que se tornou devido.

Súmula n. 9 do TRF/4:

Incide correção monetária sobre os valores pagos com atraso, na via administrativa, a título de vencimento, remuneração, provento, soldo, pensão ou benefício previdenciário, face à sua natureza alimentar.

Súmula n. 8 do TRF/3:

Em se tratando de matéria previdenciária, incide a correção monetária a partir do vencimento de cada prestação do benefício, procedendo-se à atualização em consonância com os índices legalmente estabelecidos, tendo em vista o período compreendido entre o mês em que deveria ter sido pago, e o mês do referido pagamento.

Súmula n. 05 do TRF/5:

As prestações atrasadas, reconhecidas como devidas pela Administração Pública, devem ser pagas com correção monetária.

Súmula n. 07 das Turmas Recursais de Santa Catarina (4ª Região):

Em ações de concessão ou revisão de benefícios previdenciários o INPC substitui o IGP-Di na atualização das parcelas vencidas, desde 02-2004 (MP n. 167, convertida na Lei n. 10.887/2004, que acrescentou o art. 29-B à Lei n. 8.213/91, combinada com o art. 31 da Lei n. 10.741/2003).

Súmula n. 17 TRF/1:

Não existe direito adquirido à incorporação aos salários, vencimentos, proventos, soldos e pensões, do índice de reajuste de 84,32% de março e resíduos de janeiro e fevereiro de 1990. (Medida Provisória n. 154/90 e Lei n. 8.030/90).

Súmula n. 48 do TRF/4:

O abono previsto no art. 9º, § 6º, letra "b", da Lei n. 8.178/91 está incluído no índice de 147,06%, referente ao reajuste dos benefícios previdenciários em 1º de setembro de 1991.

Súmula n. 35 TRF/2:

Não há direito adquirido ao reajuste de vencimentos, proventos ou pensões, pelos índices de 26,06% (Plano Bresser) e 26,05% (Plano Verão), relativos, respectivamente, ao IPC de junho/87 e à variação da URP de fevereiro/89.

Súmula n. 11 do TRF/5:

Aplica-se ao reajuste de benefício previdenciário, em setembro de 1991, o percentual de 147,06%.

Súmula n. 47 do TRF/4:

Na correção monetária dos salários de contribuição integrantes do cálculo de renda mensal inicial dos beneficiários previdenciários, em relação ao período de março a agosto de 1991, não se aplica o índice de 230,40%.

Enunciado n. 01 da Turma Recursal de Americana (3ª Região):

É devida a correção monetária nos pagamentos administrativos de atrasados desde a data do início do benefício e a partir do vencimento de cada parcela.

Súmula n. 21 da TNU:

Não há direito adquirido a reajuste de benefícios previdenciários com base na variação do IPC (Índice de Preço ao Consumidor), de janeiro de 1989 (42,72%) e abril de 1990 (44,80%).

Enunciado n. 05 Turmas Recursais do Espírito Santo (2ª Região):

Não cabe ao Poder Judiciário conceder outros índices além daqueles previstos em Lei para a correção dos benefícios previdenciários. Precedentes do Supremo Tribunal Federal quanto à utilização do critério legal de reajuste.

24. Militar

Súmula n. 10 do STF:

O tempo de serviço militar conta-se para efeito de disponibilidade e aposentadoria do servidor público estadual.

Súmula n. 21 do TRF/2:

A diária de asilado concedida ao militar pode ser substituída pelo auxílio-invalidez, desde que não resulte em redução do montante global de seus proventos.

Súmula n. 5 da TRU/4:

Aos militares não é devido o pagamento de "adicional de compensação orgânica", por risco potencial de exposição à radiação, ante a ausência de expressa disposição legal.

Súmula n. 14 da TRU/4:

O lançamento tributário no caso da contribuição para os fundos de saúde das forças armadas e de ofício e, consequentemente, o prazo de prescrição para repetição do indébito é de cinco anos, contado pela forma prevista no CTN.

Enunciado n. 104 das Turmas Recursais do Rio de Janeiro (2ª Região):

É possível a elevação da margem de consignações facultativas nos proventos de pensão dos militares, não mais subsistindo as restrições da Lei n. 1.046/50.

Enunciado n. 55 das Turmas Recursais do Rio de Janeiro (2ª Região):

Os integrantes da polícia militar e do corpo de bombeiros militar do antigo DF e respectivos pensionistas não têm direito à vantagem pecuniária especial prevista no art. 1º da Lei n. 11.134/2005.

Enunciado n. 16 das Turmas Recursais do Rio de Janeiro (2ª Região):

O reajuste concedido pelas Leis ns. 8.622/93 e 8.627/93 (28,86%) constituiu revisão geral dos vencimentos, sendo devido também aos militares que não o receberam em sua integralidade, compensado o índice então concedido, sendo limite temporal desse reajuste o advento da MP n. 2.131 de 28.12.2000.

Súmula n. 25 das Turmas Recursais do Rio Grande do Sul (4ª Região):

O só fato da prestação de serviço militar obrigatório no chamado "período revolucionário" não caracteriza o ex-conscrito como anistiado político, não ensejando a indenização prevista na Lei n. 10.559/2002.

Súmula n. 06 da AGU:

A companheira ou companheiro de militar falecido após o advento da constituição de 1988 faz jus à pensão militar, quando o beneficiário da pensão esteja designado na declaração preenchida em vida pelo contribuinte ou quando o beneficiário comprove a união estável, não afastadas situações anteriores legalmente amparada.

25. Pecúlio

Enunciado n. 02 das Turmas Recursais de São Paulo (3ª Região):

Na hipótese de direito adquirido ao pecúlio, o prazo prescricional começa a fluir do afastamento do trabalho.

Enunciado n. 23 do CRPS:

O pecúlio previsto no inciso II do art. 81 da Lei n. 8.213/91, em sua redação original que não foi pago em vida ao segurado aposentado que retornou à atividade quando dela se afastou, é devido aos seus dependentes ou sucessores, relativamente às contribuições vertidas até 14.4.1994, salvo se prescrito.

26. Pensão por Morte (*Vide* Item 16: *Dependentes*)

DIB (Data do início do benefício)

Enunciado n. 88 das Turmas Recursais do Rio de Janeiro (2ª Região):

Por não correr prescrição contra o absolutamente incapaz, a regra do art. 74, II, da Lei n. 8.213/91, de natureza prescricional, não pode ser utilizada para impedir que ele faça jus à pensão por morte a contar da data do óbito do instituidor.

Súmula n. 7 da Turma Recursal de Piauí (1ª Região):

Ocorrido o óbito do instituidor quando já vigente a Medida Provisória n. 1.596-14, de 11.11.1997, o benefício de pensão requerido mais de trinta dias depois do evento morte somente é devido a partir da data do requerimento, mesmo em caso de beneficiários menores, incapazes ou ausentes.

Súmula n. 8 da Turma Recursal de Piauí (1ª Região):

Em caso de óbito do instituidor ocorrido antes da vigência da Medida Provisória n. 1.596-14, de 11.11.1997, o benefício de pensão é devido a partir da data do evento morte, independentemente da data do requerimento administrativo ou judicial, ressalvada a prescrição quinquenal progressiva, não aplicável esta aos menores, incapazes e ausentes.

Divorciada que renuncia alimentos

Súmula n. 336 STJ:

A mulher que renunciou aos alimentos na separação judicial tem direito à pensão previdenciária por morte do ex-marido, comprovada a necessidade econômica superveniente.

Ex-combatente

Súmula n. 08 da AGU:

O direito à pensão de ex-combatente é regido pelas normas legais em vigor à data do evento morte. Tratando-se de reversão do benefício à filha mulher, em razão do falecimento da própria mãe que a vinha recebendo, consideram-se não os preceitos em vigor quando do óbito desta última, mas do primeiro, ou seja, do ex-combatente.

Falecimento antes do PRORURAL

Súmula n. 613 do STF:

Os dependentes de trabalhador rural não têm direito à pensão previdenciária, se o óbito ocorreu anteriormente à vigência da Lei Complementar n. 11/1971.

Falecimento antes da Lei n. 8.213/91 para dependente marido ou companheiro

Súmula n. 11 da TRU/4:

O marido ou companheiro de segurada falecida, não inválido, não faz jus à pensão por morte, caso o óbito tenha ocorrido antes de 5.4.1991, data do início dos efeitos da Lei n. 8.213/91.

Súmula n. 19 das Turmas Recursais do Rio Grande do Sul (4ª Região):

Incabível a concessão do benefício de pensão por morte da esposa, cujo óbito tenha ocorrido após a promulgação da Constituição Federal, mas antes de 5.4.1991, conforme o disposto no art. 145 da Lei n. 8.213/91, porquanto esse benefício previdenciário é regido pela Lei n. vigente à data do óbito.

Enunciado n. 26 do CRPS:

A concessão da pensão por morte ao cônjuge ou companheiro do sexo masculino, no período compreendido entre a promulgação da Constituição Federal de 1988 e o advento da Lei n. 8.213 de 1991, rege-se pelas normas do Decreto n. 83.080, de 24.1.1979, seguido pela Consolidação das Leis da Previdência Social (CLPS) expedida pelo Decreto n. 89.312, de 23.1.1984, que continuaram a viger até o advento da Lei n. 8.213/91, aplicando-se tanto ao trabalhador do regime previdenciário rural quanto ao segurado do regime urbano".

Impossibilidade de prorrogação

Súmula n. 37 da TNU:

A pensão por morte, devida ao filho até os 21 anos de idade, não se prorroga pela pendência do curso universitário.

Enunciado n. 30 da Turma Recursal do Espírito Santo (2ª Região):

O fato do dependente do segurado falecido ser estudante universitário, não autoriza a prorrogação da pensão por morte até os 24 anos de idade, levando-se em conta que, após esta data, há a possibilidade de prosseguimento dos estudos concomitantemente ao desenvolvimento de atividades laborativas. Ademais, não se aplica na hipótese a regra prevista no art. 35, § 1º da Lei n. 9.250/95, tendo em vista que a norma se refere especificamente ao Imposto de Renda.

Súmula n. 74 do TRF/4:

Extingue-se o direito à pensão previdenciária por morte do dependente que atinge 21 anos, ainda que estudante de curso superior.

Enunciado n. 14 do CRPS:

Não sendo inválido o filho e o dependente designado, mesmo solteiros, perdem aos 21 anos de idade o direito à cota da pensão previdenciária. (Enunciado revogado)

Enunciado n. 26 das Turmas Recursais de Minas Gerais (1ª Região):

É incabível a extensão do pagamento da pensão por morte ao estudante universitário maior de vinte e um anos de idade.

Militar

Súmula n. 06 da AGU:

A companheira ou companheiro de militar falecido após o advento da Constituição de 1988 faz jus à pensão militar, quando o beneficiário da pensão esteja designado na declaração preenchida em vida pelo contribuinte ou quando o beneficiário comprove a união estável, não afastadas situações anteriores legalmente amparadas.

Pais dependentes

Enunciado n. 14 das Turmas Recursais de São Paulo (3ª Região):

Em caso de morte de filho segurado, os pais têm direito à pensão por morte, se provada a dependência econômica mesmo não exclusiva.

Pensão especial (Seringueiros)

Enunciado n. 01 da Primeira Turma Recursal do Acre (1ª Região):

Para concessão da pensão de que trata o art. 54 do ADCT, a produção da borracha deve ser considerada típica atividade econômica familiar, envolvendo todos os membros da casa, desde a esposa até os filhos menores que, de alguma forma, contribuíam para a execução da atividade.

Qualidade de segurado

Súmula n. 416 STJ:

É devida a pensão por morte aos dependentes do segurado que, apesar de ter perdido essa qualidade, preencheu os requisitos legais para a obtenção de aposentadoria até a data do seu óbito.

RMI (Renda mensal inicial)

Enunciado n. 20 da Turma Recursal do Espírito Santo (2ª Região):

As pensões concedidas antes da edição da Lei n. 9.032/95 (art. 75) deverão ter o seu valor elevado para 100% (cem por cento) do benefício do segurado, com efeitos financeiros a partir da vigência desse diploma legal. (Enunciado cancelado).

Enunciado n. 26 das Turmas Recursais do DF (1ª Região):

O valor mensal da pensão por morte concedida antes da Lei n. 9.032, de 28 de abril de 1995, deve ser revisada de acordo com a nova redação dada art. 75 da Lei n. 8.213, de 24 de julho de 1991, aplicando-se o percentual de 100% (cem por cento) do salário do benefício. (Enunciado cancelado)

Enunciado n. 37 da Turma Recursal do Espírito Santo (2ª Região):

É indevida a majoração do coeficiente de cálculo da renda mensal inicial (RMI) dos benefícios de pensão por morte concedidos antes da edição da Lei n. 9.032, de 28 de abril de 1995, para 100% (cem por cento) do salário de benefício do segurado instituidor, conforme precedente do Supremo Tribunal Federal.

Servidor público

Súmula n. 01 da TRU/2:

"Não se admite a restauração da pensão estatutária por morte, prevista no art. 5º da Lei n. 3.373/58, à filha do instituidor a partir de quando divorciada, desquitada ou separada judicialmente".

Tempus regit actum

Súmula n. 340 STJ:

A Lei aplicável à concessão de pensão previdenciária por morte é aquela vigente na data do óbito do segurado.

Súmula n. 08 da AGU:

O direito à pensão de ex-combatente é regido pelas normas legais em vigor à data do evento morte. Tratando-se de reversão do benefício à filha mulher, em razão do falecimento da própria mãe que a vinha recebendo, consideram-se não os preceitos em vigor quando do óbito desta última, mas do primeiro, ou seja, do ex-combatente.

União estável

Súmula n. 63 da TNU:

A comprovação de união estável para efeito de concessão de pensão por morte prescinde de início de prova material.

27. Prescrição e Decadência

Súmula Vinculante n. 8 do STF:

São inconstitucionais o parágrafo único do art. 5º do Decreto-lei n. 1.569/1977 e os arts. 45 e 46 da Lei n. 8.212/1991, que tratam de prescrição e decadência de crédito tributário".

Súmula n. 8 TRU/3:

Em 1º.8.2007 operou-se a decadência das ações que visem à revisão de ato concessório de benefício previdenciário instituído anteriormente a 28.6.1997, data de edição da MP n. 1.523-9, que deu nova redação ao art. 103 da Lei n. 8.213/91. Precedente: processo n. 2008.50.50.000808-0.

Súmula n. 64 da TNU:

O direito à revisão do ato de indeferimento de benefício previdenciário ou assistencial sujeita-se ao prazo decadencial de dez anos.

Súmula n. 74 da TNU:

O prazo de prescrição fica suspenso pela formulação de requerimento administrativo e volta a correr pelo saldo remanescente após a ciência da decisão administrativa final.

Enunciado n. 34 do CRPS:

O prazo prescricional quinquenal, disposto no parágrafo único do art. 103 da Lei n. 8.213, de 1991, aplica-se às revisões previstas nos arts. 144 e 145 do mesmo diploma legal.

Súmula n. 03 da TRU/2:

A notificação da autoridade impetrada em mandado de segurança, objetivando benefício previdenciário, interrompe a prescrição da cobrança das prestações do benefício compreendidas no lustro que precede a impetração.

Súmula n. 08 da TRU/2:

Em 1º.8.2007 operou-se a decadência das ações que visem à revisão de ato concessório de benefício previdenciário instituído anteriormente a 28.6.1997, data de edição da MP n. 1.523-9, que deu nova redação ao art. 103 da Lei n. 8.213/91.

28. Previdência Privada

Súmula n. 18 do TRF/2:

O segurado da previdência social oficial, que recebe complementação de benefício de entidade de previdência privada, tem legitimidade *ad causam* para propor ação em face da primeira, com vistas à revisão de seu benefício previdenciário.

Enunciado n. 77 das Turmas Recursais do Rio de Janeiro (2ª Região):

Os juizados especiais federais são absolutamente incompetentes para processar e julgar feitos relativos à incidência do imposto de renda sobre proventos de previdência complementar, nos termos das Leis ns. 7.713/88 e 9.250/95, em razão da complexidade da matéria.

Súmula n. 321 do STJ:

O Código de Defesa do Consumidor é aplicável à relação jurídica entre a entidade de previdência privada e seus participantes.

Súmula n. 291 do STJ:

A ação de cobrança de parcelas de complementação de aposentadoria pela previdência privada prescreve em cinco anos.

Súmula n. 290 do STJ:

Nos planos de previdência privada, não cabe ao beneficiário a devolução da contribuição efetuada pelo patrocinador.

Súmula n. 289 do STJ:

A restituição das parcelas pagas a plano de previdência privada deve ser objeto de correção plena, por índice que recomponha a efetiva desvalorização da moeda.

29. Qualidade de Segurado

Auxílio-doença e aposentadoria por invalidez:

Enunciado n. 23 das Turmas Recursais de São Paulo (3ª Região):

A qualidade de segurado, para fins de concessão de auxílio-doença e aposentadoria por invalidez, deve ser verificada quando do início da incapacidade.

Súmula n. 26 da AGU:

Para a concessão de benefício por incapacidade, não será considerada a perda da qualidade de segurado decorrente da própria moléstia incapacitante.

Enunciado n. 08 do CRPS:

Fixada a data do início da incapacidade antes da perda da qualidade de segurado, a falta de contribuição posterior não prejudica o seu direito as prestações previdenciárias.

Enunciado n. 13 da Turma Recursal do Mato Grosso do Sul (3ª Região):

Quem perde a condição de segurado quando ainda é capaz para o trabalho não faz jus aos benefícios de auxílio-doença ou aposentadoria por invalidez, mesmo se já estava acometido da doença progressiva que posteriormente resultou na incapacidade.

Aposentadoria por idade

Enunciado n. 16 das Turmas Recursais de São Paulo (3ª Região):

Para a concessão de aposentadoria por idade, desde que preenchidos os requisitos legais, é irrelevante o fato do requerente, ao atingir a idade mínima, não mais ostentar a qualidade de segurado.

Período de graça

Súmula n. 27 da TNU:

A ausência de registro em órgão do Ministério do Trabalho não impede a comprovação do desemprego por outros meios admitidos em Direito.

Enunciado n. 48 da Turma Recursal do Espírito Santo:

A mera ausência de anotação de vínculo de emprego na CTPS não é suficiente para comprovar a situação de desemprego para fins de prorrogação do período de graça.

Enunciado n. 09 do CRPS:

Não corre o prazo prescricional do direito ao benefício, embora o segurado tenha interrompido as contribuições por mais 12 meses, se seu vínculo empregatício estava *sub judice*. (Enunciado revogado)

Enunciado n. 31 do CRPS:

Nos períodos de que trata o art. 15 da Lei n. 8.213/91, é devido o salário maternidade à segurada desempregada que não tenha recebido indenização por demissão sem justa causa durante a estabilidade gestacional, vedando-se, em qualquer caso, o pagamento em duplicidade.

Enunciado n. 10 do CRPS:

O desempregado ou o segurado licenciado do emprego, sem auferir remuneração só manterá o vínculo com a Previdência Social durante os prazos legalmente previstos, os quais só garantirá pelo pagamento da contribuição como segurado facultativo. (Enunciado revogado)

30. Reclamatória Trabalhista

Enunciado n. 04 do CRPS:

Consoante inteligência do § 3º, do art. 55, da Lei n. 8.213/91, não será admitida como eficaz para comprovação de tempo de contribuição e para os fins previstos na legislação previdenciária, a ação Reclamatória Trabalhista em que a decisão não tenha sido fundamentada em início razoável de prova material contemporânea constante nos autos do processo.

Súmula n. 31 da TNU:

A anotação na CTPS decorrente de sentença trabalhista homologatória constitui início de prova material para fins previdenciários.

Súmula n. 74 da AGU:

Na Reclamação Trabalhista, quando o acordo for celebrado e homologado após o trânsito em julgado, a contribuição previdenciária incidirá sobre o valor do ajuste, respeitada a proporcionalidade das parcelas de natureza salarial e indenizatória deferidas na decisão condenatória.

Súmula n. 67 da AGU:

Na Reclamação Trabalhista, até o trânsito em julgado, as partes são livres para discriminar a natureza das verbas objeto do acordo judicial para efeito do cálculo da contribuição previdenciária, mesmo que tais valores não correspondam aos pedidos ou à proporção das verbas salariais constantes da petição inicial.

31. Revisão de Benefícios

Art. 58 do ADCT

Súmula n. 687 STF:

Revisão de que trata o art. 58 do Ato das Disposições Constitucionais Transitórias não se aplica aos benefícios previdenciários concedidos após a promulgação da constituição de 1988.

Enunciado n. 28 das Turmas Recursais do DF (1ª Região):

Não se aplica o art. 58 do ADCT aos benefícios concedidos após a promulgação da Constituição Federal de 1988.

Súmula n. 20 TRF/1:

O critério de revisão previsto no art. 58, do Ato das Disposições Constitucionais Transitórias, da Constituição Federal de 1988, é diverso do estatuído na Súmula n. 260, do Tribunal Federal de Recursos, e aplica-se somente aos benefícios previdenciários concedidos até 4.10.1988.

Súmula n. 21 TRF/1:

O critério de revisão previsto na Súmula n. 260, do Tribunal Federal de Recursos, diverso do estabelecido no art. 58, do Ato das Disposições Constitucionais Transitórias, da Constituição Federal de 1988, e aplicável somente aos benefícios previdenciários concedidos até 4.10.1988, perdeu eficácia em 5.4.1989. (Súmula cancelada)

Enunciado n. 34 da Turma Recursal do Espírito Santo (2ª Região):

O critério de equivalência salarial, previsto no art. 58 do ADCT, além de aplicar-se somente aos benefícios previdenciários de prestação continuada concedidos anteriormente a 5 de outubro de 1988, vigorou apenas até o advento do plano de benefícios da Previdência Social (Lei n. 8.213/91), que passou a definir o critério para a preservação do seu valor real, não havendo possibilidade de sua perpetuação.

Súmula n. 29 TRF/2:

No reajuste dos benefícios de prestação continuada, mantidos pela previdência social, aplica-se o critério da Súmula n. 260 do extinto Tribunal Federal de Recursos até o sétimo mês após a vigência da Constituição Federal de 1988 e, a partir de então, os critérios de revisão estabelecidos nos arts. 58 do ADCT e 201, § 2º, da mesma carta magna.

Súmula n. 18 do TRF/3:

O critério do art. 58 do ADCT é aplicável a partir do sétimo mês de vigência da Constituição Federal, até a regulamentação da Lei de Benefícios pelo Decreto n. 357/91.

Súmula n. 15 do TRF/4:

O reajuste dos benefícios de natureza previdenciária, na vigência do Decreto-lei n. 2.351, de 7 de agosto de 1987, vinculava-se ao salário mínimo de referência e não ao piso nacional de salários.

Enunciado n. 03 das Turmas Recursais de São Paulo (3ª Região):

Com a implantação do Plano de Benefício da Previdência Social (Lei n. 8213/91), o benefício previdenciário de prestação continuada não está mais vinculado ao número de salários mínimos da sua concessão.

Súmula n. 25 da TNU:

A revisão dos valores dos benefícios previdenciários, prevista no art. 58 do ADCT, deve ser feita com base no número de salários mínimos apurado na data da concessão, e não no mês de recolhimento da última contribuição.

Art. 29, II, da Lei n. 8.213/91

Súmula n. 57 da TNU:

O auxílio-doença e a aposentadoria por invalidez não precedida de auxílio-doença, quando concedidos na vigência da Lei n. 9.876/1999, devem ter o salário de benefício apurado com base na média aritmética simples dos maiores salários de contribuição correspondentes a 80% do período contributivo, independentemente da data de filiação do segurado ou do número de contribuições mensais no período contributivo.

Enunciado n. 47 da Turma Recursal do Espírito Santo (2ª Região):

"Para a aposentadoria por invalidez e para o auxílio-doença concedido sob a vigência da Lei n.

9.876/99, o salário de benefício deve ser apurado com base na média aritmética simples dos maiores salários de contribuição correspondentes a 80% do período contributivo, independentemente da data de filiação do segurado e do número de contribuições mensais no período contributivo. É ilegal o art. 32, § 20, do Decreto n. 3.048/99, acrescentado pelo Decreto n. 5.545/2005.

Súmula n. 24 das Turmas Recursais de Santa Catarina (4ª Região):

Para os benefícios previdenciários de aposentadoria por invalidez, auxílio-doença e auxílio-acidente, concedidos após a vigência da Lei n. 9.876/99, o salário de benefício consistirá na média aritmética simples dos maiores salários de contribuição correspondentes a 80% de todo o período contributivo, independentemente da data de filiação ao RGPS e do número de contribuições mensais vertidas no período contributivo.

Enunciado n. 103 Turmas Recursais do Rio de Janeiro (2ª Região):

Considerando que o INSS vem implantando administrativamente a revisão da RMI dos benefícios de auxílio-doença, aposentadoria por invalidez, pensão por morte (concessão originária) e auxílio-reclusão (concessão originária), na forma do art. 29, II, da Lei n. 8.213/91, falece ao segurado interesse de agir na ação judicial que postula tal revisão, ajuizada após a publicação deste enunciado, sem prévio requerimento administrativo ou inércia da Administração Pública por período superior a 45 dias, se requerido administrativamente. (Fundamentos: Atos Administrativos Memorandos-Circulares n. 21/DIRBEN/PFEINSS e 28/INSS/DIRBEN).

Art. 29, § 5º, da Lei n. 8.213/91

Enunciado n. 60 das Turmas Recursais de Rio de Janeiro (2ª Região):

Nos processos cujo objeto seja a revisão da RMI de benefício previdenciário de acordo com o art. 29, § 5º, da Lei n. 8.213/91, é indispensável a realização de cálculos para a descoberta do novo valor da RMI antes da prolação da sentença.

Enunciado n. 43 da Turma Recursal do Espírito Santo (2ª Região):

No cálculo do valor da RMI da aposentadoria por invalidez, deverão ser utilizados os salários de benefício do auxílio-doença como salários de contribuição, quando este preceder aquela". (Súmula defasada — vide RE n. 583.834)

Súmula n. 09 das Turmas Recursais de Santa Catarina (4ª Região):

Na fixação da renda mensal inicial da aposentadoria por invalidez precedida de auxílio-doença deve-se apurar o salário de benefício na forma do art. 29, § 5º, da Lei n. 8.213/91. (Súmula defasada — vide RE n. 583.834)

Súmula n. 16 das Turmas Recursais do Rio Grande do Sul (4ª Região):

O salário de benefício que serviu de base para o cálculo da renda mensal inicial do auxílio-doença, devidamente reajustado, deve ser considerado como Salário de Contribuição para a aposentadoria por invalidez, nos termos do § 5º do art. 29 da Lei n. 8.213/91. (Súmula defasada — vide RE n. 583.834)

Auto-aplicabilidade do art. 201, §§ 5º e 6º, CF/88

Súmula n. 11 do TRF/1:

O art. 201, § 5º, da Constituição Federal, somente se aplica a partir da criação da respectiva fonte de custeio (Lei n. 8.212/91). (Súmula cancelada)

Súmula n. 13 do TRF/3:

O art. 201, § 6º, da Constituição da República tem aplicabilidade imediata para efeito de pagamento da gratificação natalina dos anos de 1988 e 1989.

Súmula n. 23 do TRF/1:

São autoaplicáveis as disposições constantes dos §§ 5º e 6º, do art. 201, da Constituição Federal.

Súmula n. 5 do TRF/3:

O preceito contido no art. 201, § 5º, da Constituição da República consubstancia norma de eficácia imediata, independendo sua aplicabilidade da edição de Lei n. regulamentadora ou instituidora da fonte de custeio.

Súmula n. 24 do TRF/4:

São autoaplicáveis os §§ 5º e 6º do art. 201 da Constituição Federal de 1988.

Súmula n. 08 do TRF/5:

São autoaplicáveis as regras dos §§ 5º e 6º do art. 201 da Constituição Federal, ao estabelecerem o salário mínimo e a gratificação natalina para o benefício previdenciário".

Súmula n. 49 do TRF/2:

As disposições contidas nos §§ 5º e 6º do art. 201 da Constituição Federal, com redação dada pela Emenda Constitucional n. 20/98, são autoaplicáveis.

Auto-aplicabilidade do art. 202, *caput*, da CF/88

Súmula n. 14 do TRF/1:

O art. 202, da Constituição Federal, somente se aplica a partir da criação da respectiva fonte de custeio. (Lei n. 8.212/91).

Súmula n. 26 do TRF/2:

O art. 202 da Constituição Federal, em sua redação original, não é autoaplicável, por depender de integração legislativa, só implementada com a edição das Leis ns. 8.212/91 e 8.213/91, que aprovaram o plano de custeio e de benefícios da previdência social.

Súmula n. 09 do TRF/5:

É imediata a incidência da forma de cálculo prevista no art. 202 da Constituição Federal, mas não se aplica à aposentadoria implantada antes de outubro de 1988.

Buraco verde e buraco verde estendido

Enunciado n. 67 das Turmas Recursais do Rio de Janeiro (2ª Região):

É cabível a revisão de benefício previdenciário para resgatar eventual diferença entre a média do Salário de Contribuição e o valor do salário de benefício que, porventura, não tenha sido recuperada no primeiro reajustamento do benefício previdenciário, na forma das Leis ns. 8.870/94 e 8.880/94, até o limite do novo teto (ECs ns. 20/98 e 41/03), sendo indispensável a elaboração de cálculos para a solução da lide.

Enunciado n. 12 das Turmas Recursais de São Paulo (3ª Região):

Nos benefícios concedidos a partir de 1º.3.1994, na hipótese do salário de benefício exceder ao limite previsto no art. 29, § 2º, da Lei n. 8.213/91, aplica-se o disposto no art. 21, § 3º, da Lei n. 8.880/94.

Súmula n. 01 da TNU:

A conversão dos benefícios previdenciários em URV, em março/94, obedece às disposições do art. 20, incisos I e II da Lei n. 8.880/94 (MP n. 434/94).

IGPD-I

Súmula n. 08 da TNU:

Os benefícios de prestação continuada, no regime geral da Previdência Social, não serão reajustados com base no IGP-DI nos anos de 1997, 1999, 2000 e 2001.

Súmula n. 03 da TNU:

Os benefícios de prestação continuada, no regime geral da Previdência Social, devem ser reajustados com base no IGP-DI nos anos de 1997, 1999, 2000 e 2001. (Súmula cancelada)

Enunciado n. 24 das Turmas Recursais de Minas Gerais (1ª Região):

Os benefícios de prestação continuada no regime geral da Previdência não serão reajustados com base no IGP-DI nos anos de 1997, 1999, 2000 e 2001.

Enunciado n. 26 da Turma Recursal do Espírito Santo (2ª Região):

É inaplicável o índice do IGP-DI nos reajustes dos benefícios previdenciários nos meses de junho de 1997, 1999, 2000 e 2001, por já terem sido feitos em observância ao § 4º do art. 201 da CF/88.

Inclusão da gratificação natalina no PBC

Súmula n. 18 das Turmas Recursais de Santa Catarina (4ª Região):

É indevida a inclusão da gratificação natalina nos salários de contribuição ou no período base de cálculo de benefícios previdenciários, mesmo no regime anterior ao advento da Lei n. 8.870/94.

IRSM

Súmula n. 19 da TNU:

Para o cálculo da renda mensal inicial do benefício previdenciário, deve ser considerada, na atualização dos salários de contribuição anteriores a março de 1994, a variação integral do IRSM de fevereiro de 1994, na ordem de 39,67% (art. 21, § 1º, da Lei n. 8.880/94).

Súmula n. 01 da Turma Recursal de Maranhão (1ª Região):

Para fins de apuração da Renda Mensal Inicial (RMI), deve ser aplicado o IRSM integral dos meses de janeiro e fevereiro de 1994, no percentual de 39,67%. (Precedentes do STJ).

Enunciado n. 24 das Turmas Recursais de Rio de Janeiro (2ª Região):

É devida a correção monetária de salários de contribuição, para fins de apuração de renda mensal inicial, com base no IRSM integral do mês de fevereiro de 1994, da ordem de 39,67%, conforme precedentes do Superior Tribunal de Justiça.

Enunciado n. 23 das Turmas Recursais de Minas Gerais (1ª Região):

Na correção monetária dos salários de contribuição, para fins de apuração da renda mensal inicial dos benefícios previdenciários, é devida a inclusão, antes da conversão em URV, do IRSM integral de fevereiro de 1994, no percentual de 39,67%, ante o disposto no art. 21, § 1º, da Lei n. 8.880/94.

Enunciado n. 11 das Turmas Recursais do DF (1ª Região):

Na atualização do Salário de Contribuição para fins de cálculo da renda mensal inicial do benefício, deve-se levar em consideração o IRSM de fevereiro de 1994 (39,67%) antes da conversão em URV.

Súmula n. 1 Turma Recursal de Sergipe (5ª Região):

Aplica-se o índice de 39,67%, correspondente ao IRSM de fevereiro de 1994, na correção monetária do salário de contribuição, para fins de cálculo da renda mensal inicial dos benefícios previdenciários, antes da conversão em URV, concedidos após março de 1994.

Súmula n. 5 da Turma Recursal de Sergipe (5ª Região):

Não é inconstitucional o IRSM, aplicado no reajuste dos benefícios previdenciários, previsto na Lei n. 8.542, de 23.12.1992.

Súmula n. 19 do TRF/3:

É aplicável a variação do Índice de Reajuste do Salário Mínimo, no percentual de 39,67%, na atualização dos salários de contribuição anteriores a março de 1994, a fim de apurar a renda mensal inicial do benefício previdenciário.

Súmula n. 77 do TRF/4:

O cálculo da renda mensal inicial de benefício previdenciário concedido a partir de março de 1994 inclui a variação integral do IRSM de fevereiro de 1994 (39,67%).

Enunciado n. 04 das Turmas Recursais de São Paulo (3ª Região):

É devida a revisão da renda mensal inicial do benefício previdenciário cujo período básico de cálculo considerou o Salário de Contribuição de fevereiro de 1994, que deve ser corrigido pelo índice de 39,67%, relativo ao IRSM daquela competência.

Súmula n. 03 das Turmas Recursais de Santa Catarina (4ª Região):

Na correção monetária dos salários de contribuição anteriores a março de 1994 deve ser incluída a diferença decorrente da variação do IRSM relativa ao período de 1.2.1994 a 28.2.1994 (39,67%).

Enunciado n. 07 da Turma recursal do Mato Grosso do Sul (3ª Região):

Para fins de cálculo da renda mensal inicial, o salário de contribuição de fevereiro de 1994 deve ser corrigido pelo IRSM desse mês antes da conversão em URV.

Enunciado n. 04 da Turma Recursal do Rio Grande do Norte (5ª Região):

O salário de contribuição do mês de fevereiro de 1994, que integra o cálculo de benefício previdenciário, deve ser atualizado com a aplicação do IRSM de fev/94, no percentual de 39,67%.

Enunciado n. 24 Turmas Recursais do Rio de Janeiro (2ª Região):

É devida a correção monetária de salários de contribuição, para fins de apuração de renda mensal inicial, com base no IRSM integral do mês de fevereiro de 1994, da ordem de 39,67%, conforme precedentes do Superior Tribunal de Justiça.

Enunciado n. 02 da Primeira Turma Recursal da Bahia (1ª Região):

A limitação da Renda Mensal Inicial (RMI) ao teto do salário de benefício na data da concessão, não impede o acréscimo decorrente da reposição do IRSM integral de fevereiro de 1994 à média dos salários de contribuição imediatamente anteriores (39,67%), desde que a diferença percentual apurada seja lançada apenas a partir do primeiro reajuste subsequente à data de início do benefício (DIB).

Menor valor teto — INPC

Enunciado n. 45 da Turma Recursal do Espírito Santo (2ª Região):

Para os benefícios previdenciários com data de início a partir de 1º de maio de 1982, é inaplicável a revisão judicial do menor valor teto pelo INPC com base no art. 14 da Lei n. 6.708/79.

Novo teto — EC n. 20/98 e EC n. 41/03:

Enunciado n. 66 das Turmas Recursais do Rio de Janeiro (2ª Região):

O pedido de revisão para a adequação do valor do benefício previdenciário aos tetos estabelecidos pelas ECs ns. 20/98 e 41/03 constitui pretensão de reajuste de Renda Mensal e não de revisão de RMI (Renda Mensal Inicial), pelo que não se aplica o prazo decadencial de 10 anos do art. 103 da Lei n. 8.213, mas apenas o prazo prescricional das parcelas.

Súmula n. 17 das Turmas Recursais do Rio Grande do Sul (4ª Região):

Para o cálculo da renda mensal inicial dos benefícios previdenciários cuja renda mensal inicial tenha sido limitada ao teto, em havendo alteração desse limite, tal como foi feito pelas Emendas Constitucionais ns. 20/1998 e 41/2003, cumpre ter presente o novo parâmetro fixado, observados os cálculos primitivos. Assim, a limitação do benefício ao teto será feita somente para fins de pagamento, mantendo-se o valor histórico para fins de incidência dos reajustes.

Súmula n. 08 das Turmas Recursais de Santa Catarina (4ª Região):

Não há direito ao reajustamento dos benefícios previdenciários com base nas Portarias MPAS n. 4.883/98 e MPS n. 12/2004, que trataram do escalonamento das alíquotas incidentes sobre os novos valores máximos contributivos estipulados pelas EC ns. 20/98 e 41/2003". (Súmula defasada — *vide* RE n. 564.354)

Enunciado n. 11 da Primeira Turma Recursal de Rondônia (1ª Região):

As modificações introduzidas pelas Emendas Constitucionais ns. 20/98 e 41/2003, ao alterarem o teto do benefício, não ensejaram o direito ao incremento das benesses em manutenção, por ausência de violação ao princípio constitucional da irredutibilidade. (Súmula defasada — *vide* RE n. 564.354)

OTN/ORTN

Súmula n. 38 da TNU:

Aplica-se subsidiariamente a Tabela de Cálculos de Santa Catarina aos pedidos de revisão de RMI — OTN/ORTN, na atualização dos salários de contribuição.

Enunciado n. 22 das Turmas Recursais de Minas Gerais (1ª Região):

A inclusão dos índices de variação da ORTN/OTN na correção monetária dos 24 primeiros salários de contribuição considerados no período básico de cálculo aplica-se somente aos benefícios de aposentadoria por idade, aposentadoria por tempo de serviço, aposentadoria especial e abono de permanência em serviço concedidos entre 17 de junho de 1977 e 4 de outubro de 1988.

Enunciado n. 27 das Turmas Recursais do DF (1ª Região):

Aos benefícios concedidos após a promulgação da Constituição Federal de 1988, não se aplica a ORTN/OTN à apuração do salário de benefício na atualização do salário de contribuição.

Enunciado n. 37 das Turmas Recursais de Rio de Janeiro (2ª Região):

É devida a revisão de renda mensal inicial das aposentadorias por idade, por tempo de serviço e especial, concedidas entre a entrada em vigor da Lei n. 6.423, de 17 de junho de 1977, e a CRFB/88, bem como dos benefícios decorrentes, para corrigir os primeiros vinte e quatro salários de contribuição do período básico de cálculo pela variação da ORTN/OTN, sendo necessária a intimação das partes para apresentação da memória dos elementos integrantes do cálculo do salário de benefício e a verificação da existência de eventual crédito do demandante pelo Setor de Cálculos.

Enunciado n. 28 da Turma Recursal do Espírito Santo (2ª Região):

Os benefícios de aposentadoria por idade, tempo de serviço e especial, concedidos entre a data de entrada em vigor da Lei n. 6.423/77 e a data de promulgação da Constituição Federal de 1988, devem ser atualizados com base na média dos 24 salários de contribuição, anteriores aos 12 últimos, pela variação da ORTN/OTN.

Enunciado n. 38 da Turma Recursal do Espírito Santo (2ª Região):

Na revisão do salário de benefício com base na adoção da ORTN/OTN como indexador de correção monetária dos 24 primeiros salários de contribuição, não se aplica, para todos os salários de contribuição de um mesmo ano-base, a variação acumulada do indexador entre o mês de janeiro desse ano e o mês da DIB, devendo ser considerada a variação pro rata, mês a mês, do aludido índice.

Súmula n. 7 do TRF/3:

Para a apuração da renda mensal inicial dos benefícios previdenciários concedidos antes da Constituição Federal de 1988, a correção dos 24 (vinte e quatro) salários de contribuição, anteriores aos últimos 12 (doze), deve ser feita em conformidade com o que prevê o art. 1º da Lei n. 6.423/77.

Súmula n. 2 do TRF/4:

Para o cálculo da aposentadoria por idade ou por tempo de serviço, no regime precedente à Lei n. 8.213, de 24 de julho de 1991, corrigem-se os salários de contribuição, anteriores aos doze últimos meses, pela variação nominal da ORTN/OTN.

Enunciado n. 09 das Turmas Recursais de São Paulo (3ª Região):

A correção dos 24 primeiros salários de contribuição pela ORTN/OTN nos termos da Súmula n. 7 do Egrégio Tribunal Regional Federal da 3ª Região não alcança os benefícios de auxílio-doença, aposentadoria por invalidez, pensão por morte e auxílio-reclusão (Art. 21, I, da Consolidação das Leis da Previdência Social aprovada pelo Decreto n. 89.312/84).

Súmula n. 456 do STJ:

É incabível a correção monetária dos salários de contribuição considerados no cálculo do salário de benefício de auxílio-doença, aposentadoria por invalidez, pensão ou auxílio-reclusão concedidos antes da vigência da CF/1988.

Súmula n. 4 da Turma Recursal de Sergipe (5ª Região):

Aplica-se a correção monetária, prevista na Lei n. 6.423, de 17.06.1977, aos benefícios previdenciários concedidos antes da vigência da Lei n. 8.213, de 24.7.1991, objetivando a revisão da renda mensal inicial.

Prescrição e decadência

Enunciado n. 63 das Turmas Recursais de Rio de Janeiro (2ª Região):

Em 1º.8.2007 operou-se a decadência das ações que visem à revisão de ato concessório de benefício previdenciário instituído anteriormente a 28.06.1997, data de edição da MP n. 1.523-9, que deu nova redação ao art. 103 da Lei n. 8.213/91.

Enunciado n. 66 das Turmas Recursais de Rio de Janeiro (2ª Região):

O pedido de revisão para a adequação do valor do benefício previdenciário aos tetos estabelecidos pelas ECs ns. 20/98 e 41/03 constitui pretensão de reajuste de Renda Mensal e não de revisão de RMI (Renda Mensal Inicial), pelo que não se aplica o prazo decadencial de 10 anos do art. 103 da Lei n. 8.213, mas apenas o prazo prescricional das parcelas.

Súmula n. 26 das Turmas Recursais de Santa Catarina (4ª Região):

É de dez anos o prazo decadencial para revisão de todo e qualquer benefício previdenciário concedido a partir de 27.6.1997 — data da nona edição da Medida Provisória n. 1.523/97, transformada na Lei n. 9.528/97, a qual alterou o art. 103 da Lei n. 8.213/91.

Súmula n. 08 da TRU/2:

Em 01.08.2007 operou-se a decadência das ações que visem à revisão de ato concessório de benefício previdenciário instituído anteriormente a 28.6.1997, data de edição da MP n. 1.523-9, que deu nova redação ao art. 103 da Lei n. 8.213/91.

Enunciado n. 34 do CRPS:

O prazo prescricional quinquenal, disposto no parágrafo único do art. 103 da Lei n. 8.213, de 1991, aplica-se às revisões previstas nos arts. 144 e 145 do mesmo diploma legal.

Enunciado n. 19 das Turmas Recursais de São Paulo (3ª Região):

Em consonância com o art. 103, parágrafo único, da Lei n. 8.213/1991, o juiz deverá, de ofício, reconhecer a prescrição quinquenal nas ações pertinentes às parcelas vencidas de benefícios previdenciários, inclusive em grau recursal.

Súmula n. 8 TRU/3:

Em 1º.8.2007 operou-se a decadência das ações que visem à revisão de ato concessório de benefício previdenciário instituído anteriormente a 28.6.1997, data de edição da MP n. 1.523-9, que deu nova redação ao art. 103 da Lei n. 8.213/91.

Prévio requerimento administrativo

Enunciado FONAJEF 78:

O ajuizamento da ação revisional de benefício da seguridade social que não envolva matéria de fato dispensa o prévio requerimento administrativo.

Reajustamento

Súmula n. 11 da Turma Recursal do Rio Grande do Norte (5ª Região):

Os valores atrasados, decorrentes de ação de natureza previdenciária, devidos até 30.6.2009, serão corrigidos monetariamente, conforme o Manual para Cálculos da Justiça Federal, e acrescidos de juros de mora, à razão de 1% ao mês, a partir da citação. A contar de 1º.7.2009, a correção monetária e os juros serão aplicados nos termos do art. 1º-F da Lei n. 9.494/97, com a redação conferida pela Lei n. 11.960/09". (*Vide* ADIns ns. 4.425/DF e 4.357/DF)

Súmula n. 07 das Turmas Recursais da Bahia (1ª Região):

O INPC-IBGE não pode ser utilizado para o reajuste dos benefícios previdenciários de prestação continuada, no período de 1º.1.1993 a 1º.6.2001 (Lei n. 8.542, de 23.12.1992, art. 9º, §2º e Medida Provisória n. 2.187-11, de 28.6.2001, art.4º).

Súmula n. 7 do TRF/1:

Extinto o Bônus do Tesouro Nacional, a correção monetária de benefícios previdenciários oriundos de condenação judicial passou a ser feita pelo Índice Nacional de Preços ao Consumidor.

Súmula n. 36 do TRF/1:

O inciso II do art.41, da Lei n. 8.213/91, revogado pela Lei n. 8.542/92, era compatível com as normas constitucionais que asseguram o reajuste dos benefícios para preservação de seu valor real.

Súmula n. 6 do TRF/3:

O reajuste dos proventos resultantes de benefícios previdenciários deve obedecer às prescrições legais, afastadas as normas administrativas que disponham de maneira diversa.

Súmula n. 19 do TRF/1:

O pagamento de benefícios previdenciários, vencimentos, salários, proventos, soldos e pensões, feito, administrativamente, com atraso, está sujeito a correção monetária desde o momento em que se tornou devido.

Súmula n. 9 do TRF/4:

Incide correção monetária sobre os valores pagos com atraso, na via administrativa, a título de vencimento, remuneração, provento, soldo, pensão ou benefício previdenciário, face à sua natureza alimentar.

Súmula n. 8 do TRF/3:

Em se tratando de matéria previdenciária, incide a correção monetária a partir do vencimento de cada prestação do benefício, procedendo-se à atualização em consonância com os índices legalmente estabelecidos, tendo em vista o período compreendido entre o mês em que deveria ter sido pago, e o mês do referido pagamento.

Súmula n. 05 do TRF/5:

As prestações atrasadas, reconhecidas como devidas pela Administração Pública, devem ser pagas com correção monetária.

Súmula n. 07 das Turmas Recursais de Santa Catarina (4ª Região):

Em ações de concessão ou revisão de benefícios previdenciários o INPC substitui o IGP-Di na atualização das parcelas vencidas, desde 02-2004 (MP n. 167, convertida na Lei n. 10.887/2004, que acrescentou o art. 29B à Lei n. 8.213/91, combinada com o art. 31 da Lei n. 10.741/2003).

Súmula n. 17 do TRF/1:

Não existe direito adquirido à incorporação aos salários, vencimentos, proventos, soldos e pensões, do índice de reajuste de 84,32% de março e resíduos de janeiro e fevereiro de 1990. (Medida Provisória 154/90 e Lei n. 8.030/90).

Súmula n. 48 do TRF/4:

O abono previsto no art. 9º, § 6º, letra "*b*", da Lei n. 8.178/91 está incluído no índice de 147,06%, referente ao reajuste dos benefícios previdenciários em 1º de setembro de 1991.

Súmula n. 35 do TRF/2:

Não há direito adquirido ao reajuste de vencimentos, proventos ou pensões, pelos índices de 26,06% (Plano Bresser) e 26,05% (Plano Verão), relativos, respectivamente, ao IPC de junho/87 e à variação da URP de fevereiro/89.

Súmula n. 11 do TRF/5:

Aplica-se ao reajuste de benefício previdenciário, em setembro de 1991, o percentual de 147,06%.

Súmula n. 47 do TRF/4:

Na correção monetária dos salários de contribuição integrantes do cálculo de renda mensal inicial dos beneficiários previdenciários, em relação ao período de março a agosto de 1991, não se aplica o índice de 230,40%.

Enunciado n. 01 da Turma Recursal de Americana (3ª Região):

É devida a correção monetária nos pagamentos administrativos de atrasados desde a data do início do benefício e a partir do vencimento de cada parcela.

Renda mensal da pensão por morte

Enunciado n. 26 das Turmas Recursais do DF (1ª Região):

O valor mensal da pensão por morte concedida antes da Lei n. 9.032, de 28 de abril de 1995, deve ser revisada de acordo com a nova redação dada art. 75 da Lei n. 8.213, de 24 de julho de 1991, aplicando-se o percentual de 100% (cem por cento) do salário do benefício. (Enunciado cancelado)

Enunciado n. 20 da Turma Recursal do Espírito Santo (2ª Região):

As pensões concedidas antes da edição da Lei n. 9.032/95 (art. 75) deverão ter o seu valor elevado para 100% (cem por cento) do benefício do segurado, com efeitos financeiros a partir da vigência desse diploma legal. (Enunciado cancelado)

Enunciado n. 37 da Turma Recursal do Espírito Santo (2ª Região):

É indevida a majoração do coeficiente de cálculo da renda mensal inicial (RMI) dos benefícios de pensão por morte concedidos antes da edição da Lei n. 9.032, de 28 de abril de 1995, para 100% (cem por cento) do salário de benefício do segurado instituidor, conforme precedente do Supremo Tribunal Federal.

Enunciado n. 03 da Turma Recursal de Campinas/SP (3ª Região):

É devida a majoração às pensões concedidas anteriormente à vigência da Lei n. 9.032/95.

Súmula n. 15 da TNU:

O valor mensal da pensão por morte concedida antes da Lei n. 9.032, de 28 de abril de 1995, deve ser revisado de acordo com a nova redação dada ao art. 75 da Lei n. 8.213, de 24 de julho de 1991. (Súmula cancelada).

Enunciado n. 01 da Turma Recursal do Rio Grande do Norte (5ª Região):

As pensões concedidas anteriormente ao advento da Lei n. 9.032/95, que alterou o art. 75 da Lei n. 8.213/91, elevando a renda mensal para cem por cento (100%) do salário de benefício do seu instituidor, devem ter seu valor adequado a esse novo percentual. (Enunciado cancelado).

Salário mínimo de 06.1989 (art. 1º da Lei n. 7.789/89):

Súmula n. 14 do TRF/3:

O salário mínimo de NCz$ 120,00 (cento e vinte cruzados novos) é aplicável ao cálculo dos benefícios previdenciários no mês de junho de 1989.

Súmula n. 26 do TRF/4:

O valor dos benefícios previdenciários devidos no mês de junho de 1989 tem por base o salário mínimo de NCz$ 120,00 (art. 1º da Lei n. 7.789/89).

Súmula n. 260 do extinto Tribunal Federal de Recursos:

No primeiro reajuste do benefício previdenciário deve-se aplicar o índice integral do aumento verificado, independente do mês da concessão, considerado, nos reajustes subsequentes, o salário mínimo então atualizado.

Súmula n. 12 do TRF/1:

A Lei n. 7.604/87 não impede a revisão dos cálculos iniciais e dos reajustes posteriores dos valores de benefícios previdenciários (TFR, Súmula n. 260).

Súmula n. 29 do TRF/2:

No reajuste dos benefícios de prestação continuada, mantidos pela previdência social, aplica-se o critério da Súmula n. 260 do extinto Tribunal Federal de Recursos até o sétimo mês após a vigência da Constituição federal de 1988 e, a partir de então, os critérios de revisão estabelecidos nos arts. 58 do ADCT e 201, § 2º, da mesma carta magna.

Súmula n. 20 do TRF/1:

O critério de revisão previsto no art. 58, do Ato das Disposições Constitucionais Transitórias, da Constituição Federal de 1988, é diverso do estatuído na Súmula n. 260, do Tribunal Federal de Recursos, e aplica-se somente aos benefícios previdenciários concedidos até 4.10.1988.

Súmula n. 21 do TRF/1:

O critério de revisão previsto na Súmula n. 260, do Tribunal Federal de Recursos, diverso do estabelecido no art. 58, do Ato das Disposições Constitucionais Transitórias, da Constituição Federal de 1988, e aplicável somente aos benefícios previdenciários concedidos até 4.10.1988, perdeu eficácia em 5.4.1989. (Súmula cancelada)

Súmula n. 49 do TRF/1:

O critério de revisão previsto na Súmula n. 260 do Tribunal Federal de Recursos, diverso do estabelecido no art. 58 do Ato das Disposições Constitucionais Transitórias da Constituição Federal de 1988, perdeu eficácia a partir do Decreto-lei n. 2.335, de 12 de junho de 1987.

Súmula n. 17 TRF/2:

No reajuste dos benefícios de prestação continuada, mantidos pela previdência social, aplica-se o critério da Súmula n. 260 (salário mínimo) do extinto Tribunal Federal de Recursos até o sétimo mês após a vigência da constituição federal de 1988 e, a partir de então, os critérios. (Revisada pela Súmula n. 29)

Súmula n. 25 do TRF/3:

Os benefícios previdenciários concedidos até a promulgação da Constituição Federal de 1988 serão reajustados pelo critério da primeira parte da Súmula n. 260 do Tribunal Federal de Recursos até o dia 04 de abril de 1989.

Súmula n. 51 do TRF/4:

Não se aplicam os critérios da súmula n. 260 do extinto Tribunal Federal de Recursos aos benefícios previdenciários concedidos após a Constituição Federal de 1988.

URP (Unidade Real de Preços)

Súmula n. 15 do TRF/1:

É inconstitucional a suspensão do reajuste de vencimentos, salários, soldos, proventos e pensões pela Unidade de Referência de Preços dos meses de abril e maio de 1988. (16,19% – Decreto-lei n. 2.425/88). (Súmula Cancelada)

Súmula n. 03 do TRF/5:

O pagamento de diferenças de vencimentos decorrentes da incidência da URP, nos meses de abril e maio de 1988, não implica em perda de objeto da ação de conhecimento ou da execução, remanescendo a apuração de correção monetária, juros e ônus de sucumbência.

Súmula n. 35 do TRF/2:

Não há direito adquirido ao reajuste de vencimentos, proventos ou pensões, pelos índices de 26,06% (Plano Bresser) e 26,05% (Plano Verão), relativos, respectivamente, ao IPC de junho/87 e à variação da URP de fevereiro/89.

Valor da causa

Enunciado n. 24 das Turmas Recursais de São Paulo (3ª Região):

O valor da causa, em ações de revisão da renda mensal de benefício previdenciário, é calculado pela diferença entre a renda devida e a efetivamente paga multiplicada por 12 (doze).

Outros

Súmula n. 40 do TRF/4:

Por falta de previsão legal, é incabível a equivalência entre o salário de contribuição e o salário de benefício para o cálculo da renda mensal dos benefícios previdenciários.

Enunciado n. 13 das Turmas Recursais do D.F. (1ª Região):

O abono de 10,8%, concedido aos servidores públicos aposentados civis pelo art. 1º, § 2º da Lei n. 7.333, de 02.07.85, foi transformado em vantagem pessoal pelo art. 13 da Lei n. 8.216, de 13.8.1991, a qual autorizou sua absorção aos vencimentos, passando a ser pago como vantagem nominalmente identificada, sujeita somente aos reajustes gerais.

Enunciado n. 20 das Turmas Recursais do D.F. (1ª Região):

Os servidores públicos militares não têm direito à percepção do adicional de inatividade após a edição da Medida Provisória n. 2.215, de 31.8.2001, ato normativo que redefiniu os critérios de sua remuneração.

Enunciado n. 23 das Turmas Recursais do D.F. (1ª Região):

Os servidores públicos federais, inativos e pensionistas, não têm direito ao reposicionamento funcional em até 12 (doze) referências a que alude o estabelecido na Exposição de Motivos n. 77/85, do extinto DASP.

32. Salário-Maternidade

Correção monetária

Súmula n. 45 da TNU:

Incide correção monetária sobre o salário-maternidade desde a época do parto, independentemente da data do requerimento administrativo.

Súmula n. 09 da Turma Recursal do Rio Grande do Norte (5ª Região):

O salário-maternidade devido à segurada especial toma por base o salário mínimo da época do nascimento do filho, atualizado monetariamente até o momento do efetivo pagamento, sendo irrelevante para esse fim a demora da parte autora em formular o requerimento administrativo.

Súmula n. 08 das Turmas Recursais da Bahia (1ª Região):

O valor da renda mensal do salário-maternidade requerido depois do nascimento da criança pela trabalhadora rural (segurada especial), corresponde a um salário mínimo vigente na data do parto, devendo ser corrigidas monetariamente as diferenças apuradas, com incidência de juros moratórios desde a citação da autarquia previdenciária.

Enunciado n. 07 da Turma Recursal do Maranhão (1ª Região):

O valor do salário-maternidade requerido após o parto deve ser corrigido monetariamente, desde o momento em que se tornou devido, por se tratar de mera recomposição do poder aquisitivo, não importando tal correção em sanção por eventual inadimplemento de obrigação legal.

Enunciado n. 08 da Turma Recursal do Maranhão (1ª Região):

O pagamento de correção monetária de benefício de salário maternidade, já recebido na via administrativa, deve ser realizado mediante Requisição de Pequeno Valor (RPV), por não configurar obrigação de fazer.

Custeio

Enunciado n. 02 do CRPS:

Salário-Maternidade. Custeio — Lei n. 7.787/89. A Lei n. 7.787, de 30.6.1989, assegurou a fonte de custeio para pagamento total dos cento e vinte dias do salário-maternidade pela Previdência Social, a partir de 1º de setembro de 1989. (Enunciado revogado)

Desempregada

Enunciado n. 31 do CRPS:

Nos períodos de que trata o art. 15 da Lei n. 8.213/91, é devido o salário maternidade à segurada desempregada que não tenha recebido indenização por demissão sem justa causa durante a estabilidade gestacional, vedando-se, em qualquer caso, o pagamento em duplicidade.

Produção Gráfica e Editoração Eletrônica: Peter Fritz Strotbek
Projeto de Capa: Fabio Giglio
Impressão: Digital Page

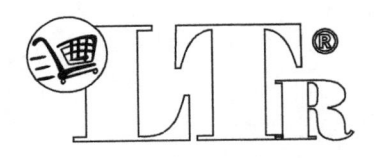

LOJA VIRTUAL
www.ltr.com.br

E-BOOKS
www.ltr.com.br